古典文獻研究輯刊

五 編

潘美月・杜潔祥 主編

第 7 冊

魏晉南北朝易學書考佚（下）

黃慶萱 著

國家圖書館出版品預行編目資料

魏晉南北朝易學書考佚（下）／黃慶萱著 — 初版 — 台北縣永
和市：花木蘭文化出版社，2007〔民96〕

目 8+162 面；19×26 公分（古典文獻研究輯刊 五編；第 7 冊）

ISBN：978-986-6831-45-4（全套精裝）
ISBN：978-986-6831-52-2（精裝）
1. 易經　2. 佚書書目　3. 研究考訂
121.17　　　　　　　　　　　　　　　　　96017435

ISBN - 978-986-6831-52-2

9 789866 831522

古典文獻研究輯刊
五 編 第七 冊　　　　　　ISBN：978-986-6831-52-2

魏晉南北朝易學書考佚 （下）

作　　者	黃慶萱
主　　編	潘美月　杜潔祥
企劃出版	北京大學文化資源研究中心
出　　版	花木蘭文化出版社
發 行 所	花木蘭文化出版社
發 行 人	高小娟
聯絡地址	台北縣永和市中正路五九五號七樓之三
	電話：02-2923-1455／傳眞：02-2923-1452
電子信箱	sut81518@ms59.hinet.net
初　　版	2007 年 9 月
定　　價	五編 30 冊（精裝）新台幣 46,500 元

魏晉南北朝易學書考佚（下）

黃慶萱　著

第十章　晉・王廙：《周易注》

第一節　撰　人

　　王廙，字世將，琅邪臨沂（今山東臨沂）人，生於晉武帝咸寧元年（西元276
年。考晉元帝即帝位於西元318年，廙上疏云：「臣犬馬之年四十三矣。」依此推
得）。丞相導從弟而元帝姨弟也。惠帝時，東海王越爲太傅，廙辟太傅掾轉參軍。
豫迎大駕，封武陵縣侯。出爲濮陽太守。元帝作鎮江左，廙棄郡過江。帝大悅，
以爲司馬，頻守廬江鄱陽二郡。豫討周馥、杜弢，以功累增封邑，除冠軍將軍。
王敦（廙從兄）啓爲寧遠將軍，荊州刺史。及元帝即位，廙上疏獻〈中興賦〉。初，
王敦左遷陶侃，使廙代爲荊州。將吏馬俊、鄭攀等上書請留侃，敦不許。廙爲俊
等所襲，奔於江安。賊杜曾與俊攀北迎第五琦以距廙。廙督諸軍討曾，又爲曾所
敗。敦命湘州刺史甘卓、豫章太守周訪（晉書王廙傳周訪誤作周廣，據晉書斠注
訂正）等助廙擊曾。曾眾潰，廙得到州。誅戮侃時將佐及徵士皇甫方回，於是大
失荊士之望。帝乃徵廙爲輔國將軍，加散騎常侍。以母喪去職。服闋，拜征虜將
軍，進左衛將軍，及王敦叛亂，帝遣廙喻敦。既不能諫止，乃爲敦所留，受任助
逆。尋病卒，帝猶以親故，深痛愍之。喪還京師，皇太子親臨拜柩，如家人之禮。
贈侍中、驃騎將軍、謚曰康。時元帝永昌元年（西元322年。晉書元帝紀：永昌
元年冬十月己丑王廙卒），廙年四十七。《晉書》本傳（本文即據晉書撰）嘗稱「廙
性儁率，人情乖阻」；《世說新語注》（仇隙篇）亦謂其「性倨傲，不合己者，面拒
之，故爲物所疾」云。其著見於《隋書・經籍志》者，有《周易注》十卷（詳考
證）、《文集》三十四卷（隋志：「晉驃騎將軍王廙集十卷，梁三十四卷，錄一卷。」
嚴可均有輯本）。

第二節　考　證

王廙《周易注》,《晉書》本傳未言之。《釋文序錄》有「王廙《注》十二卷」,又云:「《七志》、《七錄》云十卷。」《隋書·經籍志》:「《周易》三卷,晉驃騎將軍王廙注,殘缺,梁有十卷。」《兩唐志》並云《周易王廙注》十卷。其書於唐、宋時尚存。故《經典釋文》、《周易正義》、《周易集解》、《周易口訣義》、《太平御覽》猶引用之。《宋志》始未著錄,蓋其書亡於宋之南渡也。

輯其佚文者四家:孫堂、張惠言、馬國翰、黃奭。

王廙為南渡世族。其兄則王導、王敦、王戎;其侄則王劭、王徽之、王羲之。廙少能屬文(今猶有其洛都賦、思逸民賦、笙賦、白兔賦、春可樂、奏中興賦上疏、與人書、宰我讚、保傅箴、婦德箴等佚文傳世)。書為右軍法,畫為明帝師(太平廣記二百七圖史異纂曰:「王廙工隸飛白,祖述張衛、法復索靖。」又二百九尚書故實曰:「王廙善書畫,嘗謂右軍曰:『吾諸事不足道,唯書畫可法。』晉明帝師其畫,王右軍學其書」)。又善音樂射御博奕雜伎。蓋亦清談名士者流。舒其逸氣,以注《周易》,雖片言數語,猶可見其辭采。茲述之於下。

一、辨異文之例

《大有》九四《象傳》:「明辯晣也。」晣,鄭玄本作「遰」,讀作「晢」;王弼本遂逕作「晢」,王廙易其偏傍位置,作「晣」。蓋《費易》之流變也。陸績作「逝」,虞翻作「折」,則《孟易》也。

《謙》六五:「利用寢伐。」寢,各本作侵。廙改為寢,取息兵偃武之義。玄思耐人尋味。

《豫》六二:「砎于石。」弼本砎作介,廙作砎,從鄭玄等也。

《復》初九:「无祇悔。」祇字,京房、許慎、陸績、虞翻作「禔」,為《孟易》。馬融、鄭玄、王弼作「祇」,為《費易》。廙從馬鄭王氏。

《豐》六二:「豐其蔀。」蔀之字,鄭玄、薛虞作菩;廙則從馬融、二王作蔀。

《豐》九三:「豐其沛。」沛之字,子夏、鄭玄、干寶作旆,廙則從王弼、虞翻、姚信作沛。

《既濟》六四:「繻有衣袽。」繻之字,鄭玄、王肅作繻,廙則子夏作繻。

《說卦》:「故水火相逮。」相上《釋文》有「不」字。廙從弼本無「不」字。

又:「坎……為矯揉。」揉字,馬、鄭、陸、王肅作「輮」,荀作「撓」,而廙從宋衷作揉。作揉是也。

以上異文凡九，大抵從馬、鄭、宋衷、二王，皆費氏《易》也。唯「繻」字作「襦」，從子夏；「侵伐」作「寢伐」，破字取義，意至深長。

二、明字音之例

《大有》九四《象傳》：「明辯晣也。」晣，廙音章舌反，與弼本作「晢」者同音。

《豫》六二：「砎于石。」砎，廙音古黠反，與鄭玄古八反音同。

《復》初九：「无祗悔。」祗，廙音支。從弼。

《益》六二：「王用享于帝。」享，廙音許庚反，蓋取享通義，與弼取獻奉之義者異。

《夬》九二：「惕號莫夜。」號，廙音号，同鄭玄，異王弼。

《萃》初六：「若號。」號，廙音戶羔反，從馬融、鄭玄、王肅。

《豐》六二：「豐其蔀。」蔀，廙音蒲戶反，《廣韻》無此音。

《豐》九三：「豐其沛。」沛，廙音豐蓋反，滂沛之沛也；又音補賴反，郡名之沛也。

以上言字音者凡八。而同鄭者三，同弼者二。蓋亦出入鄭王之間也。

三、解字義之例

《豫》上六：「冥豫成。」廙注云：「冥，深也。」從馬融、荀爽「冥昧」之義；與王弼「極豫盡樂」義亦合。皆《費易》說也。

《咸》六二：「咸其腓。」廙注云：「腓，腓腸也。」義同鄭玄「腨腸」、荀爽「肥腸」。

《繫辭傳上》：「在地成形。」廙注云：「形謂山川等。」從王肅「山川群物」及王弼「山川草木」之說。

又：「言行，君子之樞機。」，廙注云：「樞，戶樞也；一云門臼。機，弩牙也。」同鄭玄。

又：「大衍之數五十。」廙注云：「衍，廣也。」與鄭玄、王弼訓演，干寶訓合略有出入。

又：「發揮於剛柔而生爻。」廙注云：「揮，散也。」本於王弼。

又：「其於輿也，為多眚。」廙注云：「眚，病也。」各家多以「災眚」說之。

以上解字義者凡七。其中從馬、鄭、荀、二王者凡五，皆《費易》也。又「衍」

訓「廣」，「眚」訓「病」，與鄭、王義亦相近。

四、言《易》旨之例

《賁‧象》曰：「山下有火。」廙注云：「山下有火，文相照也。夫山之爲體，層峯峻嶺，峭嶮參差，直置其形，已如彫飾，復加火照，彌見文章，賁之象也。」以賁爲文章，從鄭玄、王肅也；所言易象，不出《象傳》之外。

《咸》六二：「咸其腓。」廙注云：「動于腓腸，斯則行矣。」義本王弼。

《繫辭傳》上：「二人同心，其利斷金；同心之言，其臭如蘭。」廙注云：「金至堅矣，同心者其利無不入；蘭芳物也，無不樂者。言其同心者，物無不樂也。」孔穎達作《正義》，所言頗近於廙。

《說卦》：「兌爲羊。」廙注云：「羊者，順從之畜，故爲羊。」然《說卦》坤順兌說，兌不爲順也。

又：「乾⋯⋯爲瘠馬。」廙注云：「健之甚者，爲多骨也。」從鄭玄，而孔穎達又從其說。

又：「爲駁馬。」廙注云：「駁馬能食虎豹，取其至健也。」義本《爾雅》，《正義》引而從之。

又：「震⋯⋯爲大塗。」廙注云：「大塗，萬物所出。」孔穎達、崔憬皆從之。

又：「艮⋯⋯爲徑路。」廙注曰：「物始，故爲徑路。」蓋本《說卦》「終萬物始萬物者莫盛乎艮」之言而云然。取義不如孔穎達《正義》「取其山雖高有澗道也」之說。

以上言《易》旨者凡八。本鄭玄者一條；本王弼者一條；爲孔穎達所從者四條。其言「兌爲羊」「艮爲徑路」之故，義頗乖違，蓋廙於卦象，有所不明故。其釋「山下有火」，依卦說象，則文辭斐然。

綜上所述，王廙注《易》，多從馬、鄭、二王。偶有改字生義，意頗深長；依卦說象，文辭斐然。馬國翰以爲：「世將以貴族大家，復以書畫擅名當代。窮經根柢，宜非荀、虞、馬、鄭之比；然清詞霏霏，亦足賞玩也。」（見玉函山房輯本序言）。良是。然王廙於《說卦》之象，未能深曉，故說卦象，頗有不合。故張惠言評云：「東晉以後，言《易》者大率以王弼爲本，而附之以玄言，其用鄭、宋諸家，小有去取而已，非能通其說。王廙者是也。」（易義別錄輯本序。）亦中肯之論也。

第三節 佚 文

周易上經

☲ 乾下
離上 **大有**

九四：匪其彭，无咎。

象曰：匪其彭，无咎；明辯晰也。（晰，弼本作皙。釋文：「皙，章吉反，王廙作晰，同音。徐李之世反。又作哲字。鄭本作遰，云讀如明星皙皙。陸本作逝。虞作折。」孫堂、張惠言、馬國翰、黃奭四家皆輯之。）

《注》：晰，章舌反。（見上引釋文，四家皆未輯。）

案：晰，鄭玄本作「遰」，當是古文。《說文》：「遰，去也。」爲其本義。自鄭玄以「遰」讀如明星皙皙之「皙」，王弼本遂據以迻作「皙」，《說文》：「皙，昭皙，明也。」義與明哲之哲通，故一本又作「哲」。王廙作「晰」者，移日旁於左耳。《詩·小雅·庭燎》：「庭燎晰晰。」《釋文》：「晰本又作皙。」是晰皙字同。然則自鄭遰讀如皙，弼本作皙，廙本作晰：演變之迹，井然可尋，爲《費易》之家法。又「遰」字，陸績本作「逝」，《說文》：「逝，往也。」與遰去本義合；虞翻本省作折。此則《孟易》之家法。

☶ 艮下
坤上 **謙**

六五：不富以其鄰；利用寢伐，无不利。

象曰：利用寢伐；征，不服也。（寢，弼本作侵。釋文：「侵，王廙作寢。」四家皆輯。）

案：寢伐之寢，王廙之前，無不作「侵」字，廙改爲寢，則寢伐爲息兵之義，而《象傳》「征不服也」亦當讀作「征，不服也」，爲「征伐，乃以力服人，非以德服人，故心實不服」之義。六五居坤之中，坤道柔順，故以偃武息兵說之。宋翔鳳《周易考異》云：「按寢伐猶言寢兵，謂征不服者宜先寢兵息戰。」釋義亦是，惜於六五何以爲寢兵之象有所未發。張惠言《易義別錄》云：「蓋以謙尊而光，六五居尊位，義當偃武，與上六異義，故破侵爲寢。既不知卦象，又昧于人事，非也。」然《謙卦》「卦象」爲何？張氏未言，以「不知卦

象」空言斥廙，恐不能服人之心也。

䷏ 坤下
震上 **豫**

六二，砎于石。

《注》：砎，古黠反。（下繫：「介于石。」釋文彼云：「介，徐音戒，眾家作砎。徐云：王廙古黠反。孫張黃於下繫輯此條，馬國翰輯於此，茲兩存之。「眾家之砎」之砎，釋文各本多誤爲介，據宋本正之。」）。

案：據此異文，知王廙《易》本有從眾家不從弼者。砎字之義，據《豫》卦《釋文》：「介音界，纖介。古文作砎，鄭古八反（萱案：與古黠反音同，廣韻黠韻古黠切有砎），云謂磨砎也。馬作扴（萱案：亦音古黠切），云觸小石聲。」廙于砎字之形音皆同鄭，或於義亦從鄭也。《說文》無砎有扴，云：「扴，刮也。」段玉裁注：「扴于石，謂摩硪于石也。」似《易》「砎於石」當作「扴于石」，鄭云「磨砎」；即「摩扴」之義。宋翔鳳《周易考異》云：「《說文》無砎字，古文與《鄭易》作砎，傳寫之訛。馬氏亦古文，作扴，是也。鄭謂磨砎即刮摩之義，與《說文》扴訓同。」然《晉書·桓溫傳》云「砎如石焉」，《伏滔傳》「得之於砎石」，字並作「砎」不作「扴」。

上六：冥豫成，有渝，无咎。

象曰：冥豫在上，何可長也。

《注》：冥，深也。（釋文：「冥，覓經反。馬云：冥昧，耽於樂也。王廙云深也。又亡定反。鄭讀爲鳴。」四家皆輯。）

案：冥字之義，馬融以「冥昧」釋之，以爲冥豫者，「耽於樂也。」（見上引《釋文》）。荀爽承馬融之說，曰：「陰性冥昧，居尊在上，而猶豫悅，故不可長。」（集解引）。王弼復繼之，《注》曰：「處動豫之極，極豫盡樂，故至于冥豫成也。過豫不已，何可長乎？故必渝變，然後无咎。」蓋以冥爲極盡之意。王廙訓「冥」爲「深」，亦「冥昧」「極盡」意，同馬荀王弼，乃《費易》之說也。鄭玄「冥讀爲鳴」，則與《豫》初六「鳴豫」重復，疑涉《謙》上六「鳴謙」，《豫》初六「鳴豫」諸「鳴」字而誤讀。虞翻曰：「應在三，坤爲冥。」（集解引。）用爻應卦體以說其象。王廙不採。

 ䷕ 離下
艮上 **賁**

象曰：山下有火，賁。

《注》：山下有火，文相照也。夫山之為體，層峯峻嶺，峭嶮參差，直置其形，已如彫飾，復加火照，彌見文章，賁之象也。（集解引「王廙曰」，又見口訣義，作：「山下有火，文明相照。夫山之爲體，層峯峻嶺，巖巒峭麗參差，被日光照耀，如以彫飾，而見文章，賁之象也。」四家皆輯之。）

案：以賁爲文章，亦鄭玄、王肅義也。《集解》引鄭玄云：「賁，文飾也。」《釋文》引王肅曰：「賁有文飾黃白色。」爲王廙以賁爲『文章』一義之所本。唯鄭玄又云：「離爲日，天文也；艮爲石，地文也。」廙則不採。廙唯就《象傳》「山下有火」一語以說其「文章」之義耳。

☷☳ 震下坤上 復

初九，不遠復，无祗悔，元吉。

《注》：祗，音支。（下繫：「无祗悔。」釋文彼云：「祗，韓音祁支反，注同。王廙輔嗣音支。」孫張黃於下繫輯此條，馬國翰輯於此，茲兩存之。）

案：祗字，京房、許慎、陸績、虞翻作「禔」，爲《孟易》；馬融、鄭玄、王弼、王廙、韓康伯作「祗」，爲《費易》；《九家本》則作「敊」。其音，馬融之是反（照紐紙韻）；王弼音支（照紐支韻）；韓康伯祁支反（群紐支韻）。王廙亦從弼。詳見王肅章。

周易下經

☶☱ 艮下兌上 咸

六二，咸其腓，凶；居，吉。

《注》：腓，腓腸也；動于腓腸，斯則行矣。（釋文：「腓，房非反，鄭玄：腨腸也。腨音市兗反。王廙云：腓，腓腸也。荀作肥，云：謂五也，尊盛故稱肥。」正義：「王廙云：『動於腓腸，斯則行矣。』故言腓體動躁也。」孫堂、黃奭全輯之。張惠言唯據釋文輯上句；馬國翰則全未輯。）

案：字作「腓」同鄭玄、王弼，腨腸（鄭玄義）、肥腸（荀爽義）、腓腸（王廙義），其義一也（《說文》：「腓，脛腨也。」段玉裁注：「咸六二咸其腓，鄭曰腓腨

腸也。按諸書或言膊腸，或言腓腸，謂脛骨後之肉也。腓之言肥，似中有腸者然。故曰腓腸。荀爽易作肥，云：謂五也，尊盛故稱肥。此荀以意改字耳」）。
王弼《注》云：「咸道轉進，離拇升腓，腓體動躁者也。」《正義》引王廙「動於腓腸斯則行矣」之語，而案語云：「故言腓體動躁也。」是引王廙語以證成王弼《注》。廙義即本弼義也。

 震下
巽上　益

六二

王用享于帝，吉。

《注》：享，許庚反。（釋文：「享，香兩反，注同，王廙許庚反。」孫張黃輯於此，馬國翰以爲損象傳「二簋可用享」注。）

案：許庚切義爲享通；香兩切義爲獻祭奉上。王廙以享爲享通義，故讀許庚反。與王弼取獻奉之義者異。

乾下
兌上　夬

九二，惕號，莫夜有戎，勿恤。

《注》：號，音号。（釋文：「號，戶羔反，注及下同。鄭、王廙音号。」四家皆輯。）

案：音号之號爲號令號召之義；戶羔反之號爲呼號哭號之義。王廙號音号，同鄭玄，異王弼（周易注：「號呼」）。

坤下
兌上　萃

初六，有孚不終，乃亂乃萃，若號，一握爲笑，勿恤往，无咎。

《注》：號，戶羔反。（釋文：「若號，絕句。戶報反。馬、鄭、王肅、王廙戶羔反。」）

案：從馬融、鄭玄、王肅。詳王肅章。

 離下
震上　豐

六二，豐其蔀。

《注》：蔀，蒲戶反。（釋文：「蔀音部，王廙同。蒲戶反，王肅普苟反。略例云：大暗之謂蔀。馬云：蔀小也。鄭薛作菩，云：小席。」馬孫黃輯之，張惠言未輯。）

案：蔀之字，馬融、王肅、王弼、王廙作蔀；而鄭玄、薛虞作菩。其音：肅音普苟反，《廣韻》錄之（上聲厚韻普厚切）；王廙音蒲戶反，《廣韻》不錄。

九三，豐其沛。

《注》：沛，豐蓋反，又補賴反。（釋文：「沛，本或作旆，謂幡幔也。又普貝反。姚云：滂沛也。王廙豐蓋反，又補賴反；徐普蓋反。子夏作茷，傳云小也。鄭干作芾，云祭祀之蔽膝。」四家皆輯。）

案：字作沛，同王弼、虞翻，姚信。音豐蓋反，即《廣韻》泰韻「普蓋切」之音（普爲滂紐，豐爲敷紐，輕重相變也）。訓「流貌」，又訓「滂沛」。又補賴反，即《廣韻》泰韻「博蓋切」之音，訓「郡名」者也。

☲☵ 離下 坎上 既濟

六四，繻有衣袽。（繻，弼本作襦。釋文：「繻，而朱反。鄭、王肅云：音須。子夏作襦。王廙同。薛云：古文作襦。」四家皆輯之。）

案：襦者，繻之或體（見集韻）。《說文》：「繻，短衣也。」子夏、王廙字如此。繻者，《說文》：「繻，繒采色也。」音而朱切。《廣韻》又出須一音，訓「傳符帛」。鄭玄、王肅字如此。王弼以爲「繻宜曰濡」。《說文》絮篆下引《易》作「需有衣絮」。

繫辭傳上

在地成形。

《注》：形謂山川等。（太平御覽卷三十六：「易又曰：『在地成形。』鄭玄注：『形謂草木鳥獸。』王廙注：『形謂山川等。』」張惠言未輯。馬國翰、孫堂、黃奭輯之。）

案：「形」之涵義，凡有五說。馬融曰：「植物動物也。」（禮記樂記正義引）。鄭玄曰：「草木鳥獸也。」（太平御覽引）。虞翻曰：「在地成形謂震竹巽木坎水離火艮山兌澤乾金坤土。」（集解引）。王肅曰：「山川群物」（禮記樂記正義

引）。王弼曰：「形況山川草木也。」（周易注）。王廙謂「形謂山川等。」蓋從肅弼。

言行，君子之樞機；樞機之發，榮辱之主也。

《注》：樞，戶樞也；一云門臼。機，弩牙也。（釋文：「樞，尺朱反。王廙云：戶樞也。一云門臼。機，王廙云弩牙也。」四家皆輯。）

案：蓋從鄭玄注。《左傳》襄公二十五年《正義》引鄭玄云：「樞，戶樞也；機，弩牙也。戶樞之發，或明或闇；弩牙之發，或中或否。以譬言語之發，有榮有辱。」

二人同心，其利斷金；同心之言，其臭如蘭。

《注》：金至堅矣，同心者其利無不入；蘭芳物也，無不樂者。言其同心者，物無不樂也。（世說新語言語第二引王廙注繫辭曰）

案：此純釋句義。孔穎達《正義》：「二人同心，其利斷金者，二人若同齊其心，其纖利能斷截於金。金是堅剛之物，能斷而截之，盛言利之甚也。此謂二人心行同也。」又疏「同心之言其臭如蘭」云：「言二人同齊其心，吐發言語，氤氳臭氣，香馥如蘭也。」方式及釋義皆近。

大衍之數五十。

《注》：衍，廣也。（釋文：「延善反，又注演同。鄭云：衍演也。干云：合也。王廙蜀才云廣也。」四家皆輯。）

案：大衍之衍，鄭玄、王弼訓演；干寶訓合；王廙蜀才訓廣。以鄭王訓演者最善。已詳董遇章。

繫辭傳下

砎于石。

《注》：砎，古點反。（釋文引，見上文。）

案：詳《豫》六二條。

无祗悔。

《注》：祗音支。（釋文引，見上文。）

案：詳《復》初九條。

說　卦

發揮於剛柔而生爻。

《注》：揮，散也。（釋文：「揮音輝，鄭云揚也。王廙韓云散也。」四家皆輯。）

案：王弼《周易注》：「剛柔發散，變動相和。」廙謂揮為散意，殆本王弼。

故水火相逮。（釋文作：「故水火不相逮」，下云：「鄭、宋、陸、王肅、王廙无不字。」四家皆輯之。）

案：弼本。《集解》本字亦如此，《釋文》作「故水火不相逮」，未悉所據。詳見王肅章。

兌為羊。

《注》：羊者，順從之畜，故為羊也。（宋監本周易正義引王廙云。馬輯脱下羊字、孫張黃輯脱從字。

案：《說卦》：「坤，順也；兌，說也。」王廙以羊者順從之畜故為羊，恐非《說卦》之意。

乾……為瘠馬。

《注》：健之甚者，為多骨也。（釋文：「瘠，在亦反，下同。王廙云健之甚者，為多骨也。京荀作柴，云多筋幹。」四家皆輯。）

案：《漢上易傳》卷九引鄭玄曰：「凡骨為陽，肉為陰。」王廙謂「健之甚者為多骨也」，蓋從鄭玄。又孔穎達《正義》：「為瘠馬，取其行健之甚，瘠馬骨多也。」即用王廙《注》之義。

為駁馬。

《注》：駁馬能食虎豹，取其至健也。（正義引王廙云。馬國翰連下文「為木果，取其實著木有似星之著天也。」而輯之。考「為木果」以下為孔穎達語，馬國翰誤矣。孫堂、張惠言、黃奭皆僅輯為駁馬條。）

案：駁馬，《集解》本作駁馬，駁駁正俗字。孫堂輯本有案語云：「堂案：駁當作駁。《爾雅》釋畜云：『駁如馬，倨牙，食虎豹。』《海外北經》云：『北海有獸焉，其名曰駁，狀如白馬，鋸牙食虎豹。』《西山經》云：『中曲山有獸，如馬，而身黑，二尾一角，虎牙爪，音如鼓音，其名曰駁。是食虎豹，可以禦兵。』並與此注義同。《集解》本亦作駁馬。」（黃奭輯本轉錄孫堂案語，

而刪去「堂」字，據案語爲己有。奭爲書賈，其輯本係雇無識文人代輯，掠
美至於此）。辨證名物，所論甚是。《正義》引王廙《注》，蓋躓其說也。

震……爲大塗。

《注》：大塗，萬物所出。（太平御覽卷一百九十五：「易震卦曰：『震，大塗。』
王廙注曰：『大塗，萬物所出。』」考震卦無大塗之語，當是說卦注，故值於此。
四家皆輯之。）

案：孔穎達《正義》：「爲大塗，取其萬物之所生出也。」（注疏本脫「出」字，據
宋監本周易正義補之）。《集解》引崔憬曰：「萬物所出在春，故爲大塗，取其
通生性也。」皆依王廙《注》。

坎……爲矯揉。（韓康伯本作「爲矯輮」。釋文：「矯，紀表反，一本作橋，同。
輮，如九反。王肅奴又反，又女九反，又如又反。馬、鄭、陸、王肅本作此。宋
衷、王廙作揉。宋云：使曲者直，直者曲爲揉。京作柔，荀作橈。」四家皆輯之。）

案：矯揉之揉，本字當爲「柔」，《說文》：「柔，木曲直也，從木矛聲。」轉注而
有「煣」，《說文》：「煣，屈申木也，從火柔，柔亦聲。」宋衷、王廙作「揉」，
爲「柔」之繁文後起字。徐灝《說文解字注箋》：「柔即古揉字，因爲剛柔之
義所專，又增手作揉，增火作煣耳。」荀作「橈」、馬、鄭、陸、王肅作「輮」，
皆假借。詳王肅章。王廙此從宋衷也。

其於輿也，爲多眚。

《注》：眚，病也。（釋文：「眚，生領反。王廙云，病也。」四家皆輯之。）

案：《周易》「眚」字凡八見（訟九二「无眚」，復上六「有災眚」，无妄卦辭及彖
傳「其匪正有眚」无妄上九「行有眚」，震六三「震行无眚」，小過上六「是
謂災眚」，及說卦「爲多眚」），而「災眚」連文者二（復上六，及小過上六），
故馬融（訟六二《釋文》引）、虞翻（訟六二集解引）、王弼（注「无眚」曰：
乃可以免災），皆以爲「眚」即「災」意。若析而言之，則《子夏傳》所言：
「傷害曰災，妖祥曰眚。」鄭玄更詳之云：「異自內生曰眚，自外曰祥，害物
曰災。」然「眚」本意實非災眚，《說文》：「眚，目病生翳也，從目生聲。」
徐灝《說文解字注箋》：「目病謂之眚，引申爲凡病之稱。」王廙謂：「眚，病
也。」即取眚之引申義。

艮……爲徑路。

《注》：**物始，故為徑路。**（太平御覽卷一百九十五：「易曰：『艮為徑』，王廙注曰：『物始故爲徑路。』」黃奭漏此條，他三家輯之。）

案：此蓋本《說卦》：「終萬物始萬物者莫盛乎艮」而爲注也。然鄭玄、虞翻、孔穎達皆異其說。《初學記》卷二十四引鄭玄曰：「田間之道曰徑路，艮爲之者，取山間兎鹿之蹊。」《集解》引虞翻曰：「艮爲山中徑路。震陽在初則爲大塗；艮陽小故爲徑路。」孔穎達《正義》云：「爲徑路，取其山雖高，有澗道也。」無一同者，平心而論，孔穎達說較妥。

第十一章　晉·黃頴：《周易注》

第一節　撰　人

　　黃頴，晉南海（今廣州）人，嘗爲廣州儒林從事（晉書職官志：「州置刺史、別駕、治中、從事、諸曹從事、等員」）。《晉書》無傳。著作可知者僅《周易注》一種。

第二節　考　證

　　《隋書·經籍志》：「《周易》四卷，晉儒林從事黃頴注，梁有十卷，今殘缺。」《釋文敘錄》：「黃頴注十卷。南海人，晉廣州儒林從事。」《兩唐志》並著錄「十卷」。蓋其書唐初猶在，故陸德明撰《經典釋文》尚得引用也。《宋志》未著錄，《太平御覽》亦未引其文，蓋宋時書已亡矣。

　　今其佚文僅存於《釋文》所引，馬國翰、黃奭皆嘗輯之。茲編所輯，與二氏所輯同。

　　考其佚文，從鄭玄者最多。如：《屯·象傳》：「君子以經論。」「論」字王弼本作「綸」，頴則從鄭玄作「論」。《屯》六二《象傳》：「以從禽也。」頴注：「從，子用反。」亦從鄭玄。《井》九三：「井渫不食。」頴注：「渫，治也。」復從鄭玄「浚渫」之義。從馬融者次多。《賁》六五：「束帛戔戔。」頴注：「戔戔，猥積貌。」即用馬融「委積貌」之義。又《繫辭傳》：「作結繩而爲罔罟，以佃以漁。」頴云：「取獸曰网，取魚曰罟。」亦受馬融「取獸曰佃，取魚曰漁。」之影響。從王弼義者亦有二條。以《屯象》「經倫」爲「匡濟」，以《剝》六二「剝牀以辨」之辨爲牀簀，皆有取於王弼也。從董遇者一：《賁》六四：「白馬翰如。」董黃並

云：「翰，馬舉頭高印也。」《中孚》卦「豚魚吉」，黃穎作「遯魚吉」，則似從虞翻之說。蓋黃穎《周易注》，大抵從馬鄭弼董，而尤宗鄭玄；偶用虞說，然於象數仍有所不取也。

第三節　佚　文

周易上經

䷂ 震下
坎上　屯

象曰：雲雷屯，君子以經論。（論，弼本作綸。釋文：「論，音倫。鄭如字。謂論撰書禮樂施政事。黃穎云：經論，匡濟也。本亦作倫。」馬國翰輯同。黃奭經論作經綸。）

《注》：經論，匡濟也。（釋文引，已詳上。馬輯同，黃奭經論作經綸。）

案：論綸皆從侖聲，古籍有通假之例。《中庸》：「經論天下之大經。」《釋文》：「論本作綸。」今本亦即作綸。是其證也。《易·屯·象》「經綸」，黃穎作「經論」者，從鄭玄也。義爲「匡濟」，與荀爽、姚信意近（集解引荀爽曰：「屯難之代，萬事失正。經者常也，綸者理也。君子以經綸，不失常道也。」又引姚信曰：「經，緯也。時在屯難，是天地經綸之日，故君子法之，須經綸艱難也。」）。王弼云：「君子經綸之時。」亦取匡濟之義也。黃穎字作「論」雖從鄭，義取「匡濟」猶近王弼也。

六三：即鹿无虞。

象曰：即鹿无虞，以從禽也。

《注》：從，子用反。（注疏本所附釋文：「從，如字，鄭黃子用反。」案子用反，通志堂本作于用反，非也。馬輯作于用反，黃輯作子用反。）

案：從字，王弼注唯云：「五應在二，往（萱案：謂六三往應五）必不納，何異無虞（萱案：虞官，喻五也）以從禽乎。」而從字究爲隨從？抑爲放從（今作縱）？義仍不明。《釋文》如字，義爲隨從。鄭黃子用反，則取放縱之義（廣韻：「縱，放縱。說文緩也。一曰舍也。子用切。」集韻於縱下列重文從）。黃蓋從鄭玄義也。

☲ 離下
艮上　**賁**

六四：賁如皤如，白馬翰如，匪寇婚媾。

《注》：翰，馬舉頭高卬也。（釋文：「翰，戶旦反，董黃云：馬舉頭高卬也。馬荀云高也。鄭云：白也。亦作寒案反。」馬黃皆輯之。）

案：同董遇，詳董遇章。

六五，世于丘園，束帛戔戔，吝，終吉。（世，弼本集解本皆作賁。釋文：「賁于丘園，黃本賁作世。」）

《注》：戔戔，狠積貌；一云顯見貌。（釋文：「戔戔，馬云委積貌。薛虞云禮之多也，又音殘。黃云狠積貌，一云顯見貌。子夏傳作殘殘。」馬黃皆輯。）

案：賁字，黃穎作世者，疑是賁字壞脫下貝旁而成「世」，或筆誤而成「世」，非果爲「世」字。《賁》初九「賁其趾」，六二「賁其須」，九三「賁如」，六四「賁如」，六五「賁于丘園」，上九「白賁」，每爻例有一「賁」字。謂「戔戔」爲「狠積貌」，則馬融義也（《釋文》引馬融曰：「委積貌」）。一云顯見貌，則黃穎於「狠積」之解自覺未安之故也。戔戔，虞翻訓「委積之貌」，亦從馬融；王弼無注，孔穎達訓「眾多也」，蓋同薛虞「禮之多也」之說。

☶ 坤下
艮上　**剝**

六二，剝牀以辨。

《注》：辨，牀簀也。（釋文：「辨，徐音辨具之辨，足上也。馬鄭同。黃云：牀簀也。薛虞：膝下也。鄭符勉反，王肅否勉反。」馬黃皆輯。）

案：辨爲判別，非爲名物。各家注解，皆由《剝》初六「剝牀以足」比較而得之。故《集解》引鄭玄曰：「足上稱辨，謂近郊之下，詘則相近，信則相遠，故謂之辨。辨，分也。」馬融、徐邈皆訓「足上」，薛虞訓「膝下」，並同鄭玄。王弼《注》以「剝牀以足猶云剝牀之足也」，則以足者非人足，乃牀足。黃穎以「辨」爲「牀簀」，不以「足上」「膝下」說之者，殆本王弼也。

周易下經

☷ 巽下
坎上 井

九三，井渫不食。

《注》渫，治也。（釋文：「渫，息列反，徐又食列反，黄云治也。」馬黄輯。）

案：《說文》：「渫，除去也。」鄭玄、荀爽、向秀注《易》，並以「渫」爲「浚渫」
「去穢」之意，黄潁注蓋從鄭荀向秀義，詳向秀章。王弼注云：「不停污之謂。」
實不如鄭義。故孔潁達《正義》亦從鄭，而以「渫，治去穢污之名。」

☴ 兑下
巽上 中孚

遯魚吉，利涉大川，利貞。（遯，弼本作豚。釋文：「豚，徒尊反。黄作遯。」
馬黄皆輯之。）

案：虞翻以豚魚爲遯魚。《集解》引：「虞氏以三至上體遯，便以豚魚爲遯魚。」
而評之云：「雖生曲象之異見，乃失化邦之中信。」是以虞氏曲象之說爲非。
黄潁注不及象數，未取虞互體之說，然此條竟用虞氏說改字，無乃太好奇乎
（李富孫周易異文釋亦引集解虞氏說，云：「虞作遯，遯與豚亦形聲相近。黄
潁本當即從虞也。」其說是也）。

繫辭傳

作結繩而爲网罟，以佃以漁，蓋取諸離。（网，弼本作罔。釋文：「爲罟，
音古，馬姚云猶网也。黄本作爲网罟，云取獸曰网，取魚曰罟。」馬黄皆輯。）

《注》：取獸曰网，取魚曰罟。（釋文引，詳上文。）

案：网字，弼本作罔者，网罔古今字。《說文》：「网，庖犧氏所結繩以田以漁也。
從冂，下象网交文，凡网之屬皆從网。罔，网或加亡。」是也。网罟二字，
統言不分：故《說文》說「网」者「以田以漁」，而「罟，网也。」析言有別：
网者目疏，田獵用之；故《鹽鐵論》云：「少目之網，不可以得魚。」罟者目
密，捕魚用之；故《孟子‧梁惠王》上：「數罟不入洿也。」《毛詩‧魚麗》
傳：「罟必四寸，然後入澤。」《淮南‧說山》：「好魚者先具罟與罘。」黄潁
以「取獸曰网，取魚曰罟。」儻有取於此乎。又考馬融云：「取獸曰佃，取魚
曰漁。」（《釋文》引）黄潁分析网罟之異，或受馬融分析佃漁之影響也。

第十二章　晉・孫盛：《易象妙於見形論》

第一節　撰　人

　　孫盛，字安國，太原中都（山西平遙縣西北）人。祖楚，晉馮翊太守，父洵，穎川太守。洵在郡遇賊被害。盛年十歲，避難渡江。及長，博學強識，善言名理，于時殷浩擅名一時，與抗論者，惟盛而已，由是遂知名。起家佐著作郎，以家貧親老，求爲小邑，出補瀏陽令。歷參陶侃、庾亮、庾翼、桓溫軍事。從溫伐蜀。溫自以輕兵先行；盛領羸老輜重在後。賊數千忽至，眾皆遑遽。盛部分諸將，并力距之。蜀平，賜爵安懷縣侯。累遷溫從事中郎。從平洛；以功進封吳昌縣侯。出補長沙太守，頗營資貨，贓私狼籍，溫檻車收之，捨而不罪。累遷散騎常侍，秘書監；常領著作，加給事中。年七十二，卒。《晉書》卷八十二有傳（本文即據之）。

　　盛篤學不倦，自少至老，手不釋卷，有《魏氏春秋》二十卷、《晉陽秋》三十二卷（並見隋志史部編年類）。《文心雕龍》謂其書「以約舉爲能」（史傳篇），與干寶「筆彩略同」（才略篇）云。又有《集》十卷（隋志別集類：「秘書監孫盛集五卷，殘缺，梁有十卷，錄一卷，亡」）。又著《易象妙於見形論》，另詳於考證節。

第二節　考　證

　　《晉書・孫盛傳》謂盛著《易象妙於見形論》，殷浩等無以難之。又〈劉惔傳〉亦云孫盛作《易象妙於見形論》，簡文帝使殷浩難之，不能屈。惔與抗答，辭甚簡至，盛遂屈。其論《隋唐志》均不載，或在《孫盛集》中。王應麟《玉海》列晉

《易象論》有孫盛蓋其論亦嘗單行於世也。

《世說新語‧文學篇》載孫盛作此論事較詳，曰：「殷中軍（浩）、孫安國（盛）、王（濛）、謝（尚）能言諸賢，悉在會稽王（即簡文帝司馬昱）許。殷與孫共論《易象妙於見形》。孫語：『道合，意氣干雲。』一坐咸不安孫理，而辭不能屈。會稽王慨然歎曰：『使眞長來，故應有以制彼！』即迎眞長。孫意已不如。眞長既至，先令孫自敘本理，孫粗說己語，亦覺絕不及向。劉便作二百許語，辭難簡切，孫理遂屈。一坐同時拊掌而笑，稱美良久。」劉孝標注嘗略載其論，即下節「佚文」所引者是也。其論重道而輕器，以觀器不及六爻。大抵本於《繫辭傳》：「形而上者謂之道；形而下者謂之器。」以及六爻變化，擬象託器諸義，詳述於佚文節之案語云。

《三國志》裴松之注、《弘明集》、《廣弘明集》、《周易正義》頗引孫盛之言，其中亦有與《易》有關者。如《周易正義》云「孫盛以爲夏禹重卦」，可作研究《易》卦淵源之參考。《魏志‧鍾會傳注》引孫盛評王弼《易注》，可知盛於弼「援老」「掃象」二端，皆有微詞。《魏志‧毛玠傳注》引孫盛「《易》稱明折庶獄」，《魏志‧司馬朗傳注》引孫盛「《易》稱顏氏之子」，皆稱《易》以說人事義理者。《吳志‧趙達傳》引孫盛語，則可知盛以《易》占爲仲尼所棄；君子志大，所重者爲《易》變及《易》理。《廣弘明集》卷五有〈老聃非大賢論〉，及〈老子疑問反訊〉，大抵多引《易》以斥《老子》。蓋純然儒者之說也。以上諸條，除《正義》所引，馬氏輯爲附錄，其他各條，前人皆未輯之。以其非《易象妙於見形論》之佚文，故殿於佚文之後，作爲附錄云。

第三節　佚　文

易象妙於見形論

聖人知觀器不足以達變，故表圓應於著龜。圓應不可爲典要，故寄妙迹於六爻。六爻周流，唯化所適，故雖一畫，而吉凶並彰，微一則失之矣。擬器託象，而慶咎交著，繫器則失之矣。故設八卦者，蓋緣化之影迹也；天下者，寄見之一形也。圓影備未備之象，一形兼未形之形。故盡二儀之道，不與《乾坤》齊妙；風雨之變，不與《巽坎》同體矣。（世說新語文學篇注引，馬國翰輯之。）

案：孫盛此論，蓋以觀器不如蓍龜；蓍龜不如六爻。所以然者，六爻不執於一事
　　一物，故可寄萬事萬物之妙迹；繫器則泥於一事一物，故不能達萬事萬物之
　　變化。《易象妙於見形》者，即謂《周易》妙於將其象寄見於形：由一象該未
　　備之眾象，由一形兼未形之眾形也。其論多本於《繫辭傳》。如「擬器託象」，
　　即本於《下繫》：「古者庖犧氏之王天下也，仰則觀象於天，俯則觀法於地，
　　觀鳥獸之文，與地之宜。近取諸身，遠取諸物，於是始作八卦，以通神明之
　　德，以類萬物之情。作結繩而爲罔罟，以佃以漁，蓋取諸《離》。」及以下「蓋
　　取諸《益》」「蓋取諸《噬嗑》」「蓋取諸《乾坤》」「蓋取諸《渙》」「蓋取諸《隨》」
　　「蓋取諸《豫》」「蓋取諸《小過》」「蓋取諸《睽》」「蓋取諸《大壯》」「蓋取
　　諸《大過》」「蓋取諸《夬》」而言之。又如「不可爲典要」「六爻周流」「唯化
　　所適」諸語、「吉凶」「慶咎」等義，亦無不本於《繫傳》（下繫：「易之爲書
　　也不可遠，其爲道也屢遷，變動不居，周流六虛，上下无常，剛柔相易，不
　　可爲典要，唯變所適。」又：「爻也者，效天下之動者也。是故吉凶生而悔吝
　　著也」）。而於《繫辭傳》：「形而上者謂之道，形而下者謂之器。」之旨，尤
　　有所取焉。

第四節　附　錄

一、夏禹重卦

《周易正義‧序》引孫盛以為「夏禹重卦」。

案：畫卦重卦，當爲一人；夏禹重卦，所據未詳。

二、王弼注《易》

《魏志‧鍾會傳注》引孫盛曰：「《易》之為書，窮神知化，非天下之至精，其
孰能與於此。世之注解，殆皆妄也。況弼以附會之辨，而欲籠統玄旨者乎。故
其敘浮義，則麗辭溢目，造陰陽則妙賾無閒。至於六爻變化，群象所效，日時
歲月，五氣相推，弼皆擯落，多所不關。雖有可觀者焉，恐將泥夫大道。」

案：孫盛尊孔顏而輕老莊，故於弼之援老入《易》，多致非議。觀其「六爻變化，
　　群象所效，日時歲月，五氣相推」諸語，於卦氣卦變之說似亦有所取。

三、明折庶獄

《魏志・毛玠傳注》引孫盛曰：「《易》稱明折庶獄；傳有舉直錯枉。庶獄明則國無怨；民枉直當則民無不服。未有徵青蠅之浮聲，信浸潤之譖訴，可以允釐四海，惟清緝熙者也。」

案：《賁》卦《象傳》曰：「山下有火，賁；君子以明庶政，无敢折獄。」孫盛引「明折庶獄」以論曹操罪毛玠事，即本《賁・象傳》。此孫盛稱《易》言人事之例。

四、顏氏之子

《魏志・司馬朗傳注》引孫盛曰：「昔湯舉伊尹而不仁者遠矣。《易》稱：『顏氏之子其殆庶幾乎，有不善未嘗不知，知之未嘗復行。』由此而言，聖人之與大賢，行藏道一，舒卷斯同，御世垂訓，理無降異，升泰之美，豈俟積世哉！」

案：所稱《易》爲《繫辭傳》文，蓋引以論事也。

五、遂知來物

《吳志・趙達傳注》引孫盛曰：「昔聖王觀天地之文，以畫八卦之象，故亹亹者著于蓍策，變化形乎六爻。是以三易雖殊，卦繇理一，安有廻轉一籌，可以鉤深測隱；意對逆占，而能遂知來物者乎。流俗好異，妄設神奇，不幸之中，仲尼所棄，是以君子志其大者，無所取諸。」

案：然則「大者」爲「六爻變化」「卦繇理一」，而「籌占」爲「仲尼所棄」也。考《太平御覽》卷九十八引孫盛《晉陽秋》曰：「太康三年，建業有寇，餘姚人任振以《周易》筮之，曰：寇已滅矣。後三十八年揚州當有天子。」此必非孫盛語。孫盛棄占筮，不當前後矛盾如此，此必非孫盛語之證一。《御覽》引孫盛語下文有「恭王妃夏氏通小吏牛欽而生元帝」語，孫盛晉人，何忍誣其中興之主若此之甚，豈獨不懼國法耶（史通採撰篇云：「沈氏著書，好誣先代，於晉則故造奇說，在宋則多出謗言。前史所載，已譏其謬矣，而魏收黨附北朝，尤苦南國，承其詭妄，重加誣語，遂云司馬叡出於牛金。」困學紀聞亦以「晉元帝爲牛氏子，其說始於沈約，而魏收島夷傳因之。」是劉知幾，王應麟並以牛欽生元帝說始沈約，若孫盛果先有此說，劉王鴻儒，何得不知？且孫盛嘗爲避簡文帝鄭太后名阿春諱，故所作晉史名晉陽秋而不名晉春秋。

必不敢誣夏氏通小吏而生元帝也）！此必非孫盛語之證二。而《太平御覽》出多人之手，所引有非逕據原文，而由前人類書轉抄者。此引孫盛《晉陽秋》文，亦見於《藝文類聚》卷九十八，而彼題《晉中興書》，乃劉宋何法盛撰。《御覽》蓋因內有「盛案」之語，故誤以為孫盛《晉陽秋》也。此必非孫盛語之證三。然則本書何以不輯此條為何法盛《易》學書之佚文？則曰：何法盛於《易》學未嘗有專書故也。

六、觀象知器

《廣弘明集》卷五載晉孫盛安國〈聖賢同軌老聃非大賢論〉，中云：「大賢庶幾觀象知器，預襲吉凶，是以運形斯同，御治因應，對接群方，終保元吉。窮通滯礙，其揆一也。」

案：孫盛既棄籌占，此又云「預襲吉凶」者，蓋由人事之理而判斷吉凶也。故下云：「御治因應，對接群方，終保元吉。」

七、聖人作而萬物睹

《廣弘明集》卷五載孫盛〈聖賢同軌老聃非大賢論〉又有云：「六經何常闕虛靜之訓，謙沖之誨哉？孔子曰：『述而不作，信而好古，竊比于我老彭。』尋斯旨也，則老彭之道以籠罩乎聖教之內矣。且指說二事而已，非實言也。何以明之，聖人淵寂，何不好哉。又三皇五帝已下，靡不制作，是故《易》象經墳，爛然炳著；棟宇衣裳，與時而興；安在述而不作乎？故《易》曰：『聖人作而萬物睹。』斯言之證，蓋指說老彭之德，有以髣髴類己形迹之處所耳。」

案：此引《易》以明聖人有作也。

八、唯變所適

《廣弘明集》卷五載孫盛〈聖賢同軌老聃非大賢論〉又有云：「道之為物，唯恍與惚，因應無方，唯變所適。值澄渟之時，則司契垂拱；遇萬動之化，則形體勃興。是以洞鑒雖同，有無之教異陳；聖教雖一，而稱謂之名殊目。唐虞不希結繩；湯武不擬揖讓。夫豈異哉，時運故也。而伯陽以執古之道，以御今之有；逸民欲執今之有，以絕古之風。吾故以為彼二子者，不達圓化之道，各矜其一方者耳。」

案：引《易》「唯變所適」以證執有執無之皆非，以斥《老子》崇尙虛無之說也。

九、惡不積、美在其中

《廣弘明集》卷五載晉孫盛〈老子疑問反訊〉：「『天下皆知美之為美，斯惡已；皆知善之為善，斯不善已。』盛以為：夫美惡之名，生乎美惡之實，道德淳美，則有善名；頑囂聾昧，則有惡聲。故《易》曰：『惡不積不足以滅身。』又曰：『美在其中，暢於四支而發於事業。』又曰：『韶盡美矣，未盡善也。』然則大美大善，天下皆知之，何得云斯惡乎？若虛美非美，為善非善，所美過美，所善違中，若此皆世教所疾，聖王奮誠天下，亦自知之。」

案：所引《易》「惡不積」句，為《下繫》文；「美在其中」句，為《坤·文言》文。至於「韶盡美矣」句，則《論語》文，非《易經》也。孫盛引之以駁《老子》之言也。

第十三章　晉・桓玄：《周易繫辭注》

第一節　撰　人

　　桓玄，字敬道，小名靈寶，譙國龍亢（安徽懷遠縣西北）人。晉大司馬桓溫第六子。生於晉廢帝太和四年（西元 369 年。由晉書桓玄傳，玄七歲溫服終推得）。襲爵南郡公。晉孝武帝時，拜太子洗馬，出補義興太守。時議謂桓溫嘗有不臣之跡，故玄頗爲朝廷所抑，鬱鬱不得志，棄官歸。晉安帝即位（西元 397 年），司馬道子及王國寶專政弄權。桓玄說殷仲堪起兵與王恭共討之。而玄暗通道子，殺仲堪。遂爲荊州、江州二州刺史，又輒以兄桓偉爲雍州刺史。時寇賊未平，朝廷難違其意，許之。玄於是樹用腹心，兵馬日盛。安帝元興元年（西元 402 年），舉兵反，入建康，殺道子等。矯詔加己總百揆，侍中，都督中外諸軍事，丞相、錄尙書事，揚州牧，領徐州刺史，進號楚王。旋廢帝自立，改元永始，稱楚皇帝。元興三年，劉裕起討玄。玄敗死（時西元 404 年，玄年 36）。《晉書》卷九十九，《魏書》卷九十七有其傳（本文即據二書撰）。

　　玄能文，有《周易繫辭注》二卷（詳考證），《集》二十卷（隋書經籍志：晉桓玄集二十卷）。

第二節　考　證

　　桓玄注《繫辭傳》，《晉書》《魏書》本傳皆未載。《釋文敍錄》列注《繫辭傳》者十家，有桓玄。《隋書・經籍志》：「《周易繫辭》二卷，晉桓玄注。」《兩唐志》並有著錄。今唯《釋文》錄其三條，馬國翰輯之。觀其佚文，第爲文字之異，如

「八卦相盪」之盪作蕩，從馬融、王肅；「議之而後動」之議作儀，從陸績、姚信；「何以守位曰人」之人作仁，從王肅。馬王爲《費易》；陸姚爲《孟易》。蓋玄於孟費二家皆有所取，猶其爲人之多反覆也。蕩字訓動，亦從馬融、韓康伯義。

第三節　佚　文

繫辭傳上

八卦相蕩。

《注》：蕩，動也。（釋文：「相盪，眾家作蕩，王肅音唐黨反，馬云除也，桓云動也。唯韓云相盪也。」馬國翰輯蕩作盪字。）

案：蕩之字，韓康伯作盪，而馬融、王肅、桓玄等「眾家」作蕩。考「蕩」乃水名，「盪」爲動盪，則作「盪」爲是（詳見王肅章）。其義，馬融訓「除」，韓康伯訓「推盪」，桓玄訓「動」，意有轉移，義猶一貫（正義：「八卦遞相推盪，若十一月一陽生而推去一陰；五月一陰生而推去一陽。」所謂除，推盪、動，皆推去意）。

擬之而後言：儀之而後動。（釋文：「議之，陸、姚、桓玄、荀柔之作儀之。」

案：陸爲陸績、姚爲姚信。通志堂經解本如此；阮刻十三經注疏所附釋文陸作鄭、則指鄭玄。馬國翰亦輯之。）

案：議爲議論；儀爲法儀。經擬儀互文，皆擬度法儀之意；故當以儀字爲是。擬之而後言者，覆說上文「聖人有以見天下之賾，而擬諸形容，象其物宜。」也。《頤卦・象》云：「山下有雷，《頤》；君子以慎言語。」《兌卦・象》云「麗澤，《兌》；君子以朋友講習。」是其例也。儀之而後動者，覆說上文「聖人有以見天下之動，而觀其會通，以行其典禮。」也。《乾卦・象》云：「天行健，君子以自強不息。」《坤卦・象》云：「地勢坤，君子以厚德載物。」是其例也。然虞翻（見集解所引）、王弼，以及《集解》、《正義》以降，「儀之」皆作「議之」矣。

擬儀以成其變化。（由上文推得。此條馬國翰未輯。）

案：上文「擬之而後言，議之而後動。」「議之」桓玄作「儀之」；則此句「擬議以成其變化」「擬議」二字，桓玄必作「擬儀」，此無需求諸他書援引而可知

也。馬國翰此條未錄。

繫辭傳下

何以守位曰仁。（釋文：「人，王肅、卞伯玉、桓玄、明僧紹作仁。」馬國翰輯之。）

案：《繫辭傳》下：「天地之大德曰生；聖人之大寶曰位；何以守位曰人；何以聚人曰財；理財正辭禁民為非曰義。」「曰位」「守位」「曰人」「聚人」「曰財」「理財」上下相承，文氣一貫。若「曰人」作「曰仁」，於義雖通，然與下句「聚人」修辭失其通貫，無頭尾蟬聯，上遞下接之趣。詳王肅章，此不贅述。

第十四章　宋‧荀諺：《周易繫辭注》

第一節　撰　人

荀諺，字柔之（諺有剛猛自矜之意，見集韻；故字柔之。蓋取繫辭「剛柔相摩」「剛柔相推」之意也）。潁川潁陰（今河南許昌縣治。考荀爽、荀顗、荀融、荀煇皆潁川潁陰人，荀諺或其族人。）人。宋奉朝請，注《周易繫辭》（詳考證）；或謂柔之並為《易音》（見冊府元龜卷六〇六。）云。

第二節　考　證

《隋書‧經籍志》著錄《周易繫辭》二卷，荀柔之注（隋志著錄注繫辭者七家：其書時存者有桓玄、謝萬、韓康伯、宋褰、荀柔之五家；其書亡者有卞伯玉、徐爰二家）；《舊唐書‧經籍志》有荀諺注《繫辭傳》二卷，無荀柔之（舊唐志著錄注繫辭者四家：謝萬、桓玄、荀諺、宋褰）；荀諺即荀柔之也（姚振宗隋書經籍志考證已疑荀諺即荀柔之。試以舊唐志與隋志相讎：隋志有韓康伯繫辭注而舊唐志無者，以唐孔穎達周易正義已併王弼周易注與韓康伯繫辭注為一書，韓注遂不單行。隋志獨無荀諺而有荀柔之，舊唐志獨有荀諺而無荀柔之，豈非荀諺即荀柔之之證乎？況古人名字相配，諺為剛猛，故字柔之，說詳撰人條，諺殆即柔之也）。《新唐書‧藝文志》荀諺、荀柔之並出（新唐志著錄注繫辭者五家：謝萬、桓玄、荀諺、荀柔之、宋褰是也），蓋誤（新唐志綜合隋唐志，故有並出之誤）。及於趙宋，著錄闕如（宋史藝文志未著錄之），殆已亡佚矣。輯此書佚文者，僅歷城馬氏國翰，其《玉函山房輯佚書》自陸德明《經典釋文》輯得三條。今所輯者凡有四

條。觀其注《繫辭傳》，讀「通乎晝夜之道而知」之「知」爲「智」，本於荀爽（儻其家學乎？），與明僧紹同；「議之而後動」之「議」作「儀」，從陸績、姚信、桓玄之說；訓「歸奇於扐」之「扐」爲「別」，與馬融訓「指間」者稍異，並詳於佚文云。惜乎隻字片言，未足以論其家法爲憾耳。

第三節　佚　文

繫辭傳上

通乎晝夜之道而知。

《注》：知音智。（釋文：「荀爽、荀柔之、明僧紹音智。」此條馬國翰輯之。）

案：《釋文》以知如字，然後又引荀爽、荀柔之、明僧紹音智之說。考讀知如字爲動詞、音智則爲名詞。夫晝夜者，所以象徵剛柔者也（繫辭：「剛柔者晝夜之象也」）。分析言之：於易理，則曰陰陽（繫辭：「陰陽合德而剛柔有體」）；於人事，則曰動靜（繫辭：「動靜有常，剛柔斷矣」）。推而廣之，凡乾坤（荀爽曰：「晝者謂乾，夜者坤也。」、日月、寒暑（張載正蒙太和篇：「日月相推而明生；寒暑相推而歲成。神易無方體，一陰一陽，陰陽不測。皆所謂通乎晝夜之道也」）、幽明、生死、鬼神（朱熹周易本義：「晝夜即幽明生死鬼神之謂」）、闔闢、屈伸（伊川經說卷一：「通晝夜闔闢屈伸之道而知其所以然」）、出處、語默（繫辭：「君子之道，或出或處，或默或語。」），莫非晝夜之道也。通乎此，誠爲智者。此荀柔之讀「知」爲智之意乎。然徧檢諸家《易》注，皆不以「智」釋「知」，荀柔之、明僧紹音智，蓋爲特見。又李鼎祚《周易集解》引荀爽曰：「通乎乾坤之道，无所不知矣。」則「知」亦不音智。《釋文》謂荀爽音智，未悉何所據。

擬之而後言；儀之而後動。（釋文：「議之，陸、姚、桓玄、荀柔之作儀之。」
案：陸爲陸績、姚爲姚信。通志堂經解本如此；阮刻十三經注疏所附釋文陸作鄭，則指鄭玄。馬國翰亦輯之。）

案：議爲議論；儀爲法儀。詳已見桓玄章。

擬儀以成其變化。（由上文推得。此條馬國翰未輯。）

案：上文「擬之而後言，議之而後動。」「議之」荀柔之作「儀之」；則此句「擬

議以成其變化」「擬議」二字，荀柔之必作「擬儀」，此無需求諸他書援引而可知也。馬國翰此條未錄。

歸奇於扐以象閏。

《注》：扐，別也。（釋文：「扐、郎得反，馬云：指間也。荀柔之云：別也。」此條馬國翰亦輯之。）

案：《周易》占筮之法，取蓍艸五十根，去其一，餘四十九，混沌未分，是象太一；《繫辭傳》所謂「大衍之數五十其用四十有九」也。以四十九分而爲二，置於左右，是象天地兩儀；《繫辭傳》所謂「分而爲二以象兩」也。在左方（朱熹周易本義附載筮儀謂以右手取右大刻之策；高師仲華先生周易研究講稿據孔氏正義而斷其非。案李衡彥周易義海撮要引劉牧說亦謂左手。茲遵高師之說）天數中取其一蓍夾於左手小指無名指之間，是象天地人三才；《繫辭傳》所謂「掛一以象三」。以右手取左方中蓍艸四四而數之，是象春夏秋冬四時；《繫辭傳》所謂「揲之以四以象四時」也。所餘之數，不一則二，不三則四，夾於左手無名指中指間；《繫辭傳》所謂「歸奇於扐以象閏」也。又案：扐者，數之餘也（李道平周易集解纂疏引禮記王制「祭用數之仂」「喪用三年之仂」，又引考工記「以其圍之阞捎其藪」，云：「皆數之餘也。」說文扐篆下段玉裁注亦以仂扐蓋同字，阞爲假借字。云：凡數之餘曰扐）。故《繫辭傳》以取四揲之餘夾於指間曰扐。馬融以其夾於指間而謂扐即指間；荀柔之以其不與過揲之蓍艸合而別夾之，故訓扐爲別：兩說不同，而所指之事實則一也。

第十五章　南齊・顧歡：《周易繫辭注》

第一節　撰　人

　　顧歡（歡，經典釋文作懽，懽、歡古今字），字景怡，一字玄平（見南史），吳興鹽官（今浙江海寧縣境）人也。年六七歲，知推六甲。家貧，父使驅田中雀，歡作〈黃雀賦〉而歸。雀食稻過半，父怒，欲撻之，見賦乃止。鄉中有學舍，歡貧無以受業，於舍壁後倚聽，無遺亡者。八歲誦《孝經》、《詩》、《論》；及長，聞吳興東遷邵玄之能傳五經文句，從之受業。同郡顧顗之（顗又作覬，宋書卷八十一，南史卷三十五有顧覬之傳），見而異之，遣諸子（宋書謂覬之五子：約、緝、綽、縝、緄；又弟之子名愿。世說新語所附吳國吳郡顧氏譜覬之之子任輩有：敷、放、鮚、沖、悐、忻、阮之）與遊，及孫憲之（梁書卷五十二及南史卷三十五有傳），並受經句。歡年二十餘，更從豫章雷次宗（宋書在隱逸傳，南史同。著有周易注、毛詩序義、毛詩義、喪服經傳略注、豫章記、文集）諮玄儒諸義。母亡，水漿不入口六七日，廬於墓次，遂隱遁不仕。於剡天台山開館聚徒，受業者常近百人。每讀《詩》至「哀哀父母」，輒執書慟泣，學者由是廢〈蓼莪〉篇不復講。蕭道成輔政，悅歡風教，徵爲揚州主簿，遣中使迎歡；及道成踐阼（爲齊太祖），乃至。歡稱山谷臣上表，刪撰老氏，獻《治綱》一卷（隋志有顧歡老子義疏一卷，兩唐志同。又老子義綱一卷，新唐書作道德經義疏治綱。史云治綱，蓋略稱），盡言請退。永明元年（西元 483 年），詔徵歡爲太學博士，不就徵。歡晚節事黃老道，解陰陽書，史稱其爲數術多效驗云。自知將終，賦詩言志曰：「五塗無恆宅；三清有常舍。精氣因天行；遊魂附物化。鵬鷃適大海；蜩鳩之桑柘。達生任去留，善死均日夜。委命安所乘，何方不可駕？翹心企前覺，融然從此謝。」

卒於剡山，時年六十四。《南齊書》暨《南史》皆入《隱逸傳》（南齊書在卷五十四，南史在卷七十五，爲此文之根據）。

歡口不辯，善於著筆。其著作見於《隋志》者，有《尚書百問》一卷（兩唐志同，今亡）、《老子義疏》一卷（兩唐志同。道藏有道德眞經注疏八卷，題顧歡撰。阮元嘗據晁公武郡齋讀書志、王應麟玉海考定此書爲張君相三十家道德經集解，誤題顧歡撰。見揅經室經進書錄。唯君相此書於顧歡義疏，采取最多，題以「顧氏曰」。萱嘗據道藏本及嘉業堂叢書本輯錄，凡得三十八條，其文參閱考證）、《老子義綱》一卷（新唐志名道德經義疏治綱，今亡矣）、《夷夏論》一卷（兩唐志同，今存）、《顧歡集》三十卷（隋志云「梁有」；兩唐志不錄。蓋隋、唐之世其書已亡矣）；又《毛詩集解敘義》一卷，則顧歡等作（已亡矣）。《隋志》以外，史稱歡嘗注《王弼易二繫》（釋文亦謂：顧懽等十人並注繫辭，另詳考證）；又皇侃《論語義疏》引顧歡語八節，則歡於《論語》亦當有注也。

第二節　考　證

顧歡《易》學著述，《隋志》所不載；然據《南齊書》及《南史》本傳，歡嘗注《王弼易二繫》（王弼注六十四卦六卷，韓康伯注繫辭以下三卷，合之凡九卷。然韓注繫辭每引弼說。南齊書卷三十九陸澄傳載澄與王儉書云：「弼於注經中已舉繫辭故不復別注」）；《釋文序錄》所列注《繫辭傳》者十家，亦有顧懽（懽歡古今字）其人。《釋文》三引其說：計上《繫》二條，《說卦》一條。《正義》亦引其《繫辭注》一條。則歡於《易‧繫辭》有注者明矣，《隋志》不載，蓋偶漏也。其佚文，馬國翰未輯，黃奭輯茲四條，入《黃氏逸書考‧易雜家注》卷中，未獨標名。茲合《繫辭傳》注三條於「佚文」節；《說卦》注一條則作「附錄」云。觀歡之注，《正義》所引一條，意與弼近。《釋文》所引三條，釋辯爲別；同於虞翻、董遇、姚信、蜀才；於「以神明其德夫」絕句，同於荀爽、虞翻；釋薄爲入，則與馬融、鄭玄同。三條之中，同於虞翻者獨有二，倘顧歡《易》學，本於弼注，而兼習虞義者與？惜以所輯佚文過少，未敢斷言也。

又考《南齊書》及《南史》載歡撰〈夷夏論〉之全文，歡蓋以民族文化爲本位，而習道家之學術者。略云：「今以中夏之性，效西戎之法，既不全同，又不全異。下棄（南齊書及南史本傳棄作育，茲據弘明集卷七引改）妻孥，上廢宗祀。嗜欲之物，皆以禮伸；孝敬之典，獨以法屈。悖禮犯順，曾莫之覺；弱喪忘歸，孰識其舊！且理之可貴者，道也；事之可賤者，俗也。捨華效夷，義將安取？」

唱「夷夏之別」，斥「絕惡之學」。雖當時名流學者多不之從（南齊書及南史顧歡傳謂「宋司徒袁粲託爲道人通公駁之」。弘明集卷六卷七載有明僧紹正二教論，謝鎭之書與顧道士，重書與顧道士，朱昭之難夷夏論，朱廣之諮夷夏論，慧通法師駁夷夏論，僧敏法師戎華論，皆所以反駁顧歡夷夏論，亦可見當時爭論之激烈），然其於中夏文化有此自覺，實啓韓（愈）、李（翱）、程（顥、頤）、朱（熹）道學之先聲也。歡又嘗與會稽孔珪（南齊書卷四十八有傳，作孔稚珪；南史卷四十九則作孔珪）共談四本（世說新語文學第四：「鍾會撰四本論始畢，甚欲使嵇公一見，置懷中既定，畏其難，懷不敢出，於戶外遙擲，便回急走。」劉孝標注引魏志曰：「會論才性同異傳於世。四本者：言才性同，才性異，才性合，才性離也。尚書傅嘏論同，中書令李豐論異，侍郎鍾會論合，屯騎校尉王廣論離」），歡曰：「蘭石（傅嘏字，三國志卷二十一有傳）危而密，宣國（李豐字。事跡在三國志卷九夏侯玄傳及裴注）安而疎，士季（鍾會字，三國志卷二十九有傳）似有非，公淵（王廣字。事跡見三國志卷二十八王淩傳及裴注。案：南史載歡語「淵」作「深」，乃李延壽避唐高祖李淵諱改。三國志王淩傳裴注引魏氏春秋曰：「廣字公淵」）謬而是。總而言之，其失則同；曲而辯之，其塗則異。何者？同昧其本，而競談其末；猶未識辰緯，而意斷南北。群迷暗爭，失得無準。情長則申，意短則屈。所以四本並通，莫能相塞，夫中理唯一，豈容有二？四本無正，失中故也。」於是著三名論（亡）以正之。蓋才性之辯，歡亦嘗從事矣。

　　歡所注疏，其佚文尚存者，除《繫辭注》三條，《說卦注》一條外，尚有《老子義疏》三十八條，存於張君相《三十家道德經集解》（有道藏本及嘉業堂本，皆誤題爲顧歡道德眞經注疏，詳撰人條）中；《論語義疏》八條，存於皇侃《論語義疏》（有知不足齋本及古經解彙函本）中。其注疏也，每先釋字義，復推其故。如注《論語》「與其潔也不保其往也」，云：「往謂前日之行也。」此先釋字義也；又云：「夫人之爲行，未必可一，或有始無終，或先迷後得（先迷後得爲坤卦卦辭）故教誨之道，潔則與之，往日行非我所保也。」復推其故也。又如注《老子》：「无名天地之始有名萬物之母」，云「有名謂陰陽，無名謂常道。」此先釋字義也；又云：「常道無體，故曰無名；陰陽有分，故曰有名。」復推其故也。其他各條，大略相似。與其注《易》相較：「辯，別也。」「薄，入也。」亦釋字義之類也；「立此五十數以數神，神雖非數，因數而顯，故虛其一數，以明不可言之義。」亦推其故之類也。然則顧歡注《繫辭傳》，佚文雖少，其體例固可比較而考知矣。

第三節　佚　文

繫辭傳上

辯吉凶者存乎辭。

《注》：辯、別也，彼列反。（釋文：「虞董姚顧蜀才並云別也，音彼列反。」此條黃奭輯之。）

案：辯、京房云：明也。亦見《釋文》引。其後如王弼《周易注》：「所以明吉凶。」《正義》云：「謂辯明卦之與爻之吉凶。」陸德明《釋文》云：「如字」，皆從京房義。虞翻、董遇、姚信、顧懽、蜀才並云別也，音彼列反，則以辯爲別之叚借矣。

大衍之數五十，其用四十有九。

《注》：立此五十數以數神，神雖非數，因數而（撮要同，漢上易叢説而字作以。）顯，故虛其一數，以明（漢上易叢説明下有其字。）不可言之義（撮要義下有也字。正義引顧懽云。又見漢上易叢説及周易義海撮要。此條黃奭輯之。）

案：大衍之數五十者，謂《易》筮之推演（《釋文》引鄭玄云：「衍，演也。」王弼孔穎達從之，謂「演天地之數」是也）用蓍五十莖也。其用四十有九，謂取一莖反于櫝中而不用也。義甚昭明。後儒強附奧理，曲爲之說，遂使異聞競起，踳駁紛多。若《正義》所引京房、馬融、荀爽、鄭玄、姚信、董遇諸家，皆徒逞肊說，非《易》本意。顧懽所云，與弼注：「演天地之數，所賴者五十也；其用四十有九，則其一不用也。不用而用以之通；非數而數以之成：斯《易》之太極也。」意略相近。參閱董遇章。

聖人以此齊戒，以神明其德夫。（釋文：「以神明其德夫，荀虞顧絕句，眾皆以夫字爲下句，一本無夫字。」此條黃奭輯之。）

案：孔穎達《周易正義》、李鼎祚《周易集解》、朱熹《周易本義》、惠棟《周易述》亦皆於「夫」絕句。

第四節　附　錄

說　卦

雷風相薄

《注》：薄、入也。（釋文：「薄，旁各反。陸云：相附薄也。馬、鄭、顧云：薄，入也。」此條黃奭輯之。）

案：說卦：「天地定位，山澤通氣，雷風相薄，水火不相厭。」蓋言「八卦相錯」
　　而成六十四卦之現象。「相薄」即「相入」，「相入」即「相錯」也。

第十六章　南齊·明僧紹：《周易繫辭注》

第一節　撰　人

明僧紹，字休烈，一字承烈，平原鬲（今山東德縣）人。吳太伯之裔（吳太伯，周太王子，以讓季歷故，與仲雍奔吳。武王克殷，封其後爲吳，虞二國），百里奚（春秋虞人，相秦穆公，七年而秦霸）子孟明（爲秦穆公將，率師三伐晉而終勝；秦霸西戎），以名爲姓，明僧紹其後也。僧紹明經有儒術，隱長廣郡嶗山，聚徒立學。宋明帝泰始二年（西元 466 年），魏剋淮北（南史作「魏剋淮南」；南齊書作「淮北沒虜」。案：宋書卷八、南史卷三，皆云宋明帝泰始二年，失淮北四州及豫州淮西地，則以淮北爲是），乃度江。宋順帝昇明元年（西元 477 年），僧紹弟慶符爲青冀二州刺史（宋書順帝本紀：昇明元年七月丙午，以安西參軍明慶符爲青冀二州刺史），僧紹乏糧食，隨慶符之鬱洲，住弇榆山栖雲精舍，欣玩水石，竟不一入州城。齊高帝建元二年（西元 480 年），慶符罷任（南齊書高帝本紀：建元二年三月辛丑，以崔思祖爲青冀二州刺史。萬斯同齊方鎮年表云：明慶符入爲黃門侍郎），僧紹隨歸，住江乘攝山。僧紹屢徵不就，齊高帝（蕭道成）嘗賜竹根如意，筍籜冠，隱者以爲榮焉。永明（齊武帝年號，在位十一年，西元 483 至 493 年）中卒。《南齊書》卷五十四，《南史》卷五十皆有傳（爲本文所據）。除注《繫辭傳》外，並注《孝經》（並據釋文序錄）。子元琳、仲璋、山賓並傳家業。

第二節　考　證

《南齊書》暨《南史·明僧紹傳》，皆不言僧紹之著述；《隋書·經籍志》唯著錄其《孝經注》一卷，而未及其《周易繫辭注》；《釋文序錄》載注《繫辭傳》

者十家,則有其人,所引三節,第考《繫辭傳》文字之異,不及注語(詳佚文條)。故僧紹《易》學,難知其詳也。今案:《南齊書‧高逸顧歡傳》載明僧紹有《正二教論》(顧歡作夷夏論,以道爲華教,佛爲夷教。明僧紹作此以駁之,故名),以爲:「佛明其宗,老全其生;守生者蔽,明宗者通。今道家稱長生不死,名補天曹,大乖老莊立言本理(史蓋綜其大意之言,弘明集卷六有明僧紹正二教論全文)。」則固出入佛老而兼明三玄者也。《南史》本傳復載泰始(宋明帝蕭彧年號,西元465年至472年)季年,岷、益山崩,淮水竭,僧紹竊謂其弟(當爲明慶成)曰:「夫天地之氣,不失其序。若夫陽伏而不泄,陰迫而不蒸,於是乎有山崩川竭之變。故伊、洛竭而夏亡;河竭而殷亡;三川竭,岐山崩而周亡;五山崩而漢亡。夫有國必依山川而爲固,山川作變,不亡何待?今宋德如四代之季,爾誌吾言而勿泄也。」則其《易》說近乎孟喜、京房陰陽災變之學矣。馬國翰自《釋文》輯得三條,《黃氏逸書考‧易雜家注》中錄《明僧紹易義》同。皆異文異音,「通乎晝夜之道而知」之知音智,《釋文》云同於荀爽、荀柔之;「何以守位曰人」之人作仁,本於王肅;「易有聖人之道」,作「君子之道」則明僧紹一人而已。三者皆不甚得當,茲詳論是是非非於佚文條下云。

第三節　佚　文

通乎晝夜之道而知。

《注》:知音智。(釋文:「知,如字。荀爽、荀柔之、明僧紹音智。」馬國翰、黃奭皆輯之。)

案:諸家易注,皆不以智釋知;集解引荀爽曰,知如字亦不音智。詳見荀柔之章,此不贅述。

易有君子之道四焉。(釋文:「聖人之道,明僧紹作君子之道。」此條馬國翰、黃奭輯之。)

案:《周易》聖人一詞,凡三十七見,意指與宇宙相契之道德主體(恒卦彖曰:「日月得天而能久照,四時變化而能久成,聖人久於其道,而天下化成。」以日月、四時、聖人並舉,而言其恒德,是以聖人爲與宇宙相契之道德主體);即《中庸》所謂不勉而中,不思而得,從容中道者也。故聖人爲先知者(繫辭上:「聖人有以見天下之賾,而擬諸其形容,象其物宜,是故謂之象;聖

人有以見天下之動，而觀其會通，以行其典禮，繫辭焉以斷其吉凶，是故謂之爻。」聖人遙契天德，故得先見也），爲制作者（說卦：「昔者聖人之作易也，幽贊於神明而生蓍，參天兩地而倚數，觀變於陰陽以立卦，發揮於剛柔而生爻，和順於道德而理於義，窮理盡性以至於命；昔者聖人之作易也，將以順性命之理，是以立天之道曰陰與陽，立地之道曰柔與剛，立人之道曰仁與義，兼三才而兩之，故易六畫而成卦。」可證），爲改革者（繫辭下：「後世聖人易之以宮室」，「後世聖人易之以棺槨」，「後世聖人易之以書契」，均可證），爲教育者（觀象傳：「聖人以神道設教，而天下服矣」），爲統治者（說卦：「聖人南面而聽天下，嚮明而治」）；而符合上述標準之抽象事理即曰「聖人之道」（繫辭上：「易有聖人之道四焉：以言者尚其辭；以動者尚其變；以制器者尚其象；以卜筮者尚其占。」是也）。《周易》君子一詞，凡一百一十六見，意指終日乾乾之進德修業者（乾九三：「君子終日乾乾。」文言以「君子進德修業」釋之）；即《中庸》所謂博學之，審問之，愼思之，明辨之，篤行之，擇善而固執者也。故君子爲後覺者（聖人生知而君子學知。文言：「君子學以辯之，寬以居之，仁以行之」），爲研究者（聖人作易而君子研究之。繫辭上：「君子居則觀其象而玩其辭；動則觀其變而玩其占」），爲保守者（聖人興革而君子保守之。震象曰：「洊雷，震；君子以恐懼脩省。」艮象曰：「兼山，艮；君子以思不出其位」），爲講習者（聖人設教而君子講習之。麗象曰：「麗澤，兌；君子以朋友講習」），爲申命行事者（聖人南面治而君子申命行事。巽象曰：「隨風，巽；君子以申命行事」），而符合上述標準之抽象事理即曰「君子之道」（繫辭上：「君子之道，或出或處，或語或默。」是也）。夫易，聖人所以崇德而廣業、極深而研幾也（繫辭上：「夫易，聖人所以崇德而廣業也。」又云：「夫易，聖人之所以極深而研幾也」），故易道爲聖人之道。《易・繫辭上》：「易有聖人之道四焉：以言者尚其辭；以動者尚其變；以制器者尚其象；以卜筮者尚其占。是以君子將有爲也，將有行也，問焉而以言。」易有聖人之道，是以君子問之。聖人君子，相對者也。若爲君子之道，君子自知，無庸問之矣。明僧紹作「易有君子之道四焉」，蓋涉下文「君子問之」而誤也。

何以守位曰仁。（釋文：「人、王肅、卞伯玉、恒玄、明僧紹作仁。」馬、黃皆輯之。）

案：《繫辭傳》下：「天地之大德曰生；聖人之大寶曰位，何以守位曰人；何以聚

第十七章 南齊‧沈麟士：《易經要略》

第一節 撰 人

　　沈麟士（麟，南齊書作驎，說文：「麟，大牝鹿也。」而無「驎」字。段玉裁注：「經典禽獸字多用麟。」茲從南史訂作麟。麟士生於晉恭帝元熙元年，西元 419 年），字雲禎，吳興武康（今浙江省武康縣）人。祖膺期，晉太中大夫；父虔之，宋樂安令（嚴可均全梁文卷四十自湖錄金石考輯得沈麟士所撰沈氏祖述德碑文一篇，自述其家世頗詳）。麟士幼而俊敏，年七歲，聽叔公岳言玄，賓散，言無所遺失。岳撫其肩曰：「若斯文不絕，其在爾乎？」及長，博通經史，有高尚之心。宋元嘉末（據南齊書及南史下文皆有「文帝令尚書僕射何尚之」云云。觀宋書文帝本紀：元嘉二十二年何尚之為尚書右僕射；二十五年為尚書左僕射；二十八年為尚書令，則「元嘉末」者，當不出元嘉二十二年至二十八年間。宋書文帝本紀又云：「元嘉二十三年九月己卯，車駕幸國子學策試。」疑令抄撰五經，訪舉學士，即在是時。西元 446 年，麟士年三十八歲），文帝（劉義隆）令尚書僕射何尚之（宋書卷六十六，南史卷三十皆有傳）抄撰五經，訪舉學士，縣以麟士應選。尚之謂子偃曰：「山藪故有奇士也。」麟士嘗苦無書，因游都下（宋都建康今南京），歷觀四部（五經為甲部，史記為乙部，諸子為丙部，詩賦為丁部。見文選王文憲集序注引臧榮緒晉書）畢。少時，稱疾歸鄉，不與人物通。養孤兄子，義著鄉曲。或勸麟士仕，卻之，乃作〈玄散賦〉（已佚）以絕世。隱居餘干吳差山（浙江德清縣東南），講經授徒。從學士數十百人，各營屋宇，依止其側。時為之語曰：「吳差山中有賢士，開門教授居成市。」麟士重陸機《連珠》（文選注引傅玄敘連珠曰：「所謂連珠者，興於漢章之世，班固、賈逵、傅毅三子受詔

作之。其文體辭麗而言約，不指說事情，必假喻以達其旨；而覽者微悟，合於古詩諷興之義。欲使歷歷如貫珠，易看而可悅，故謂之連珠。」文選錄有陸機演連珠五十首），爲諸生講之。征北張永（南史卷三十一有張永傳。宋後廢帝元徽元年，西元 473 年，永爲吳郡太守，次年爲征北將軍。時麟士年五十六歲）爲吳興請麟士入郡；麟士聞郡後有好山水（南史云：即戴安道遊吳興，因古墓爲山池也），乃住停數月。昇明末（昇明爲宋順帝年號，計二年，二年當西元 478 年），太守王奐（南齊書卷四十九，南史卷二十三皆有王奐傳）上表薦之，詔徵爲奉朝請；永明六年（永明爲齊武帝年號，六年當西元 488 年。麟士時年七十），中書郎沈約（梁書卷十三，南史卷五十九有約傳）又表薦麟士，詔徵爲太學博士；建武二年（建武爲齊明帝年號，二年當西元 495 年），徵著作郎；永元二年（永元爲齊東昏侯年號，二年當西元 500 年），徵太子舍人：並不就。麟士負薪汲水，并日而食，守操終老，篤學不倦。年過八十，耳目猶聰明。遭火燒書數千卷，以火故，抄寫燈下，細書復成二三千卷，滿數十篋。時人以爲養身靜嘿之所致也。梁天監二年（天監爲梁武帝年號，二年當西元 503 年），卒於家，年八十五（南齊書作八十六，此據南史）。《南齊書》卷五十四，《南史》卷七十六皆有傳（在隱逸列傳，爲本文所據）。著《周易兩繫訓注》（隋志未著目，亡）、《莊子內篇訓注》（隋志未著目，亡）、《易經要略》（詳下文）、《禮記要略》（隋志未著目，亡）、《春秋要略》（隋志未著目，亡）、《尚書要略》（隋志未著目，亡）、《論語要略》（隋志未著目；馬國翰自皇侃義疏中輯得沈居士說七節，以爲即沈麟士論語要略也）、《孝經要略》（隋志未著目，亡）、《喪服要略》（隋志著錄喪服經傳義疏一卷，今亡）、《老子要略》（隋志未著目，亡。）數十卷，及《文集》六卷（隋志有齊太子舍人沈麟士集六卷）。

第二節　考　證

　　《南齊》書暨《南史·沈麟士傳》皆言沈氏著《周易兩繫訓注》、《周易要略》，然史志不載（沈麟士之著作載於隋志經部者，僅喪服經傳義疏一卷。唐志以下，並此一卷亦未著錄），蓋散佚已久。馬氏《玉函山房輯佚書》自李鼎祚《集解》輯得其說潛龍一節，《黃氏逸書考易雜家注》中錄沈麟士《易經要略》同。觀其所釋，本於經籍，義精辭粹。蓋必博學洽聞，始能臻此也。

第三節　佚　文

周易上經

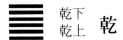 乾下 乾上 **乾**

初九，潛龍勿用。

《要略》：稱龍者，假象也。天地之氣有升降；君子之德有行藏。龍之為物，能飛能潛，故借龍比君子之德也。初九既尚潛伏，故言勿用。（李鼎祚周易集解所引，馬國翰、黃奭輯之。）

案：沈氏以聖人借龍象以喻一爻之義，其說皆有所本：天地之氣有升降者，本於《禮記・月令》：「孟春之月，天氣下降；地氣上騰。天地和同，草木萌動。」「孟冬之月，天氣上騰，地氣下降，天地不通，閉塞而成冬。」君子之德有行藏者，本於《論語・述而》：「用之則行，舍之則藏。」龍之為物，能飛能潛者，本於《說文》：「龍，鱗蟲之長，能幽能明，能細能巨，能短能長；春分而登天，秋分而潛淵。」借龍比君子之德，初九既尚潛伏，故言勿用者，本於《周易・文言》：「君子以成德為行，日可見之行也。潛之為言也，隱而未見，行而未成，是以君子弗用也。」沈麟士手抄經籍，篤學不倦，故所言皆有根據如此也。宋程頤作《周易傳》，云：「理無形也，故假象以顯義。乾以龍為象，龍之為物，靈變不測，故以象乾道變化，陽氣消息，聖人進退。初九在一卦之下，為始物之端，陽氣方萌，聖人側微，若龍之潛隱，未可自用，當晦養以俟時。」與沈氏之義並近也。

第十八章　齊・劉瓛：《周易乾坤義疏》、《周易繫辭義疏》

第一節　撰　人

　　劉瓛（宋文帝元嘉十一年，西元 434 年生），字子珪，沛郡相（今安徽宿縣西北）人。晉丹陽尹悛（晉書卷七十五有悛傳）六世孫也。祖弘之給事中；父惠治書御史（此據南齊書；南史作「臨賀太守」）。瓛篤志好學，博通訓義。年五歲，聞舅孔熙先讀《管寧傳》（見三國志卷十一），欣然欲讀。更爲說之，精意聽受，曰：「此可及也。」宋大明四年（西元 459 年，瓛年二十六歲）舉秀才，聚徒教授，常有數十人。丹陽尹袁粲（宋書卷八十九，南史卷二十六皆有粲傳。宋明帝泰始五年，西元 469 年，粲爲丹陽尹，瓛年三十六）於後堂夜集，瓛在座，粲指庭中柳樹謂瓛曰：「人謂此是劉尹（丹陽尹劉惔）時樹，每想高風；今復見卿，清德可謂不衰矣！」齊高帝（蕭道成）踐阼（西元 479 年，瓛年四十六歲），召瓛入華林園談話，問以政道。答曰：「政在《孝經》（瓛於孝經有說，馬國翰玉函山房輯佚書曾從邢昺孝經正義所引輯得五節）。宋氏所以亡，陛下所以得之，是也。」帝咨嗟曰：「儒者之言，可寶萬世。」瓛姿狀纖小，儒學冠於當時。京師士子貴遊，莫不下席受業。性謙率通美，不以高名自居。遊詣故人，唯一門生持胡床隨後。主人未通，便坐問答。住在檀橋，瓦屋數間，上皆穿漏；學徒敬慕，不敢指斥，呼爲青溪焉。竟陵王蕭子良（南齊書卷四十，南史卷四十四皆有傳）親往修謁。齊武帝永明七年（西元 434 年），表武帝（蕭賾）爲瓛立館，以揚烈橋故主第給之。生徒皆賀，瓛曰：「室美爲人災，此華宇豈吾宅耶！幸可詔作講

堂，猶恐見害也。」未及徒居，遇病，卒，時年五十六。梁武帝（蕭衍）天監九年（西元 502 年），下詔爲瓛立碑，諡曰貞簡先生。《南齊書》卷三十九、《南史》卷五十皆有傳（比即節二傳而成）。所著有《周易乾坤義》一卷、《周易繫辭義疏》二卷、《周易四德例》一卷（以上三書並亡，詳考證及佚文）、《毛詩序義疏》一卷（亡）、《毛詩篇次義》一卷（亡）、《孝經劉氏說》（見上文「政在孝經」下注）、《文集》三十卷。彭城劉繪（南齊書卷四十八，南史卷三十九，皆有繪傳）、順陽范縝（梁書卷四十八，南史卷五十七有傳）、廬江何胤（梁書卷五十一，南史卷三十有胤傳），皆從瓛學。

第二節　考　證

據《隋書・經籍志》所載，劉瓛《易》學之作計有：《周易乾坤義疏》一卷（舊唐書經籍志：周易乾坤義疏一卷，劉瓛撰。新唐書藝文志：劉瓛乾坤義疏一卷。義下並有疏字。考劉瓛周易繫辭義疏、毛詩序義疏、喪服經傳義疏，並稱義疏；則此書亦應名義疏。隋志義下脫疏，當據兩唐志補），《周易繫辭義疏》二卷（舊唐志：周易繫辭義二卷，劉向撰，義下當有疏字，向則瓛字聲之誤。新唐志：劉瓛繫辭義疏二卷），《周易四德例》一卷（隋志云梁有隋亡，兩唐志皆不著錄），今皆亡佚矣。輯其佚文者，凡四家：張惠言《易義別錄》錄《周易》劉子珪氏《乾坤義》七條，《繫辭上義疏》七條，《繫辭下義疏》一條，計十五條。孫堂《漢魏二十一家易注》輯劉瓛《乾坤義》八條（內含同人升其高陵義一條），《繫辭義疏》五條，計十三條。馬國翰《玉函山房輯佚書》有《周易劉氏義疏》一卷，計《乾坤義》七條（內含同人升其高陵義一條），《繫辭義疏》九條，共十六條。《黃氏逸書考》輯得劉瓛《乾坤義》九條（內含同人升其高陵義一條），《繫辭義疏》五條，補遺四條（皆繫辭義疏），計十八條。四家所資：李氏《集解》、孔氏《正義》、陸氏《釋文》、玄應《音義》、《文選》善注；外此，孫氏、馬氏、黃氏復由董真卿《周易會通》輯得《同人》「升其高陵」義一條。今本論文所輯者，計《乾坤義疏》八條，《繫辭義疏》十七條，共二十五條。其所增者，多得自唐釋慧琳《一切經音義》（日本影印麗藏本）也。

又元董真卿《周易會通同人》卦九三爻辭下引「劉氏瓛曰：『三居下體之上，故謂之陵；有憑上之志，故謂之升。』」案：《會通》引劉瓛語，頗有可疑。《同人》卦屬《周易》上經，而《隋》《唐志》均未著錄劉瓛《周易》經文注，可疑者一。唐人所引，如：孔氏《正義》、李氏《集解》、陸氏《釋文》、慧琳《音義》、

《文選》李注，皆《乾坤》及《繫辭傳》之義疏，不及各卦爻辭；董氏元人，何得獨引劉瓛《同人爻辭》注？可疑者二。《會通》引用古今名賢及程朱門人凡三百三十四家（計程子及程子門人二十七家，朱子及朱子門人一百十一家，及古今名賢一百九十六家）。諸家之書董氏並未一一目睹（會通卷首有「引用諸書群賢姓氏」，自商瞿、子夏、田何、施讎、孟喜、梁丘賀，皆列名其上。諸家之書早亡；且如商瞿未著書，董氏安得「引用」之耶！）；於劉瓛則並其時代亦未知（會通引用諸書群賢姓氏次劉瓛於韓愈、郭京、陸希聲下。注云：「瓛、子珪，唐藝文志不載何代，姑附于此。」是意劉氏爲唐人，何其孤陋至此！），暇論親見瓛書？可疑者三。然亦不能遽斷其必僞：《文選》李注，慧琳《音義》所引劉瓛語，雖皆爲《乾坤繫辭義疏》，而二氏用字，則爲：「劉瓛《易注》」（文選卷三十陶潛雜詩下注）、「劉瓛《周易注》」（文選卷三十九鄒陽上書吳王注）、「劉瓛《注易》」（慧琳音義卷廿一）、「劉瓛注《周易》」（慧琳音義卷三十），是故不得謂瓛必無《易注》。而梁元帝（蕭繹）《金樓子》（知不足齋叢書本）《興王篇》（在卷一）云：「沛國劉瓛，當時馬鄭；上（梁武帝蕭衍）每析疑義，雅相推揖。」或瓛所注《易》爲梁武帝所引，故傳於世歟？《會通》所引瓛曰，又見於宋李衡《周易義海撮要》（通志堂經解本），標名曰「劉」。《撮要》題名，原有簡稱之例（如胡瑗曰胡，魏徵稱魏是）。卷一引劉瓛（文言下引劉瓛曰：「依文而言其理」）、劉緯，皆標全名；卷二引劉瓛簡稱曰「劉」（詳附錄）；卷三引劉緯簡稱「緯」（剝象辭下注）《會通》或自《義海》轉引，亦非毫無根據。反覆思之，可信又不可信。故另輯爲附錄云。

　　考劉氏《易》義，最喜依《易》解《易》：其疏「首出庶物，萬國咸寧。」「乃順承天」「鼓之以雷霆」「憂悔吝者存乎介」「震无咎者存乎悔」「彌綸天地之道」「慢藏誨盜」「非天下之至精」「知以藏往」諸義，皆據《周易》經文而立說。於傳《易》之先儒，則尊馬、鄭：釋「疵」爲「瑕」，釋「洗」爲「盡」，蓋本馬融；論《易》一名三義，說「象者斷也」，以及解「用九」「冶容」「豐蔀」之義，悉據鄭玄。梁元帝方瓛爲「今之馬鄭」（引已見前文），《南齊書‧劉瓛傳》亦謂「劉瓛承馬鄭之後，一時學徒以爲師範。」非僅謂瓛之學術地位與馬鄭相當，亦兼言瓛之學術直承馬鄭也。其後褚氏（仲都）、莊氏（佚名），每用劉說（如訓至爲極，釋象之義是）；孔氏《正義》，亦頗採之（如釋文言及釋賾等是）。詳見於佚文之案語。

第三節　佚　文

周易乾坤義疏

《義疏》：《易》者，謂生生之德，有易簡之義；不易者，言天地定位，不可相易；變易者，謂生生之道，變而相續。（孔穎達周易正義序引崔覲、劉貞簡。張惠言、孫堂、黃奭未輯此條。馬國翰所輯下更有「皆以緯稱不煩不擾，澹泊不失，此明是易簡之義，無爲之道。」蓋誤將正義語攔作劉氏言。）

案：《易》之含易簡、變易、不易三義，《繫辭傳》已及之。孔穎達《周易正義·序》：「《繫辭傳》云：『《乾》《坤》，其《易》之蘊邪？』又云：『《易》之門戶邪』又云：『夫《乾》確然示人易矣；夫《坤》隤然示人簡矣。』『易則易知；簡則易從。』此言其易簡之法則也。又云：『爲道也屢遷，變動不居，周流六虛，上下無常，剛柔相易，不可爲典要，唯變所適。』此言順時變易，出入移動者也。又云：『天尊地卑，乾坤定矣；卑高以陳，貴賤位矣；動靜有常，剛柔斷矣。』此言其張設布列，不易者也。」其言是也。《易緯》，《乾鑿度》乃發《繫辭傳》之覆，始言：「《易》者，易也。變易也，不易也。」（此據古經解彙函本，正義所引，非乾鑿度之原文），鄭玄依《易緯》此意，作《易贊》（隋志未錄，今佚）及《易論》（隋志有六藝論一卷，易論當爲其一。今亦佚），云：「《易》一名而含三義：易簡，一也；變易，二也；不易，三也。」（見孔穎達周易正義引），劉瓛之說，蓋依鄭宗《緯》祖《繫辭傳》也。

用九，見群龍，无首，吉。

《義疏》：總六爻純陽之義，故曰用九也。（李鼎祚周易集解引。四家之輯皆同。）

案：劉瓛以「總六爻純陽之義」釋「用九」，說與鄭玄、宋衷同。《後漢書·郎顗傳》引鄭玄注《易》乾卦云：「爻皆體乾，群龍之象；舜既受禪，禹與稷、契、咎繇之屬並在朝。」李鼎祚《周易集解》引宋衷曰：「用九，六位皆九，故曰見群龍；純陽，則天德也（周易乾卦象曰：「用九，天德不可爲首也。」左傳文公五年：「天爲剛德」）。萬物之始，莫能先之，不可爲首；先之者凶，隨之者吉，故曰：无首吉。」鄭云：爻皆體乾；宋云：六位皆九；劉云：六爻純陽。其義一也。

象曰

《義疏》：象者，斷也；斷一卦之才也。（集解引，四家所輯同。）

案：以斷釋象，此所謂聲訓也。象，通貫切；斷，徒玩切。聲皆屬舌；韻亦同部
（段玉裁歸之於古音第十四部）。劉氏釋象，本於鄭玄。《易緯》、《乾鑿度》：
「則象變之數若之一也。」鄭玄注：「象者，斷也。」其後褚氏（仲都，另詳）
莊氏（佚其名），並用劉義。孔穎達《周易正義》引褚氏、莊氏並云：「象，
斷也；斷定一卦之義，所以名爲象也。」劉氏謂「斷一卦之才」者，則本《繫
辭傳》：「象者，材也。」王弼注：「材者，才德也，象言成卦之材以統卦義也。」
然則劉氏釋象，參於《繫辭傳》，本於鄭玄，明矣。首出庶物，萬國咸寧。

《義疏》：陽氣為萬物之所始，故曰首出庶物；立君而天下皆寧，故曰
萬國咸寍也。（集解引，四家所輯「寍」皆作「寧」，蓋避清宣宗旻寧諱改，茲
正爲寍字。）

案：此《乾卦‧象辭》。劉氏以陽氣爲萬物之所始，蓋由《繫辭傳》：「乾，陽物也。」
及《乾卦‧象辭》：「大哉乾元，萬物資始。」二語推出；以立君而天下皆寧，
蓋由《說卦》：「乾爲君。」及《乾卦文言》：「乾元用九，天下治也。」二語
推出。劉氏釋《乾》《坤》之義，多本於傳。

《文言》曰

《義疏》：依文而言其理，故曰文言。（集解及義海撮要引，四家所輯皆同。）

案：孔穎達《周易正義》：「釋二卦之經文，故稱文言。」蓋同劉瓛義。

知至至之，可與言幾也。（「知至至之，可與言幾也。」與下「知終終之，可
與存義也。」對文。據阮校知石經、岳本、閩、監、毛本脫「言」字，茲從古本，
足利本補。李鼎祚集解本有「言」字，所引崔憬注云：「知至至之，可與言微也。」
是崔憬所據本亦有言字。）

《義疏》：至，極也。（文選卷三十九鄒陽上書吳王李善注所引。案：善注未引
經文，馬國翰以爲繫辭至矣哉注；張惠言、孫堂、黃奭並以爲坤象辭至哉坤元注。
茲察其文義，較其先後，當爲乾文言九三知至至之之注。）

案：王弼注：「處一卦之極，是至也。」孔氏《正義》引莊氏（佚名）云：「極即
至也；三在下卦之上，是至極。」又引褚氏（仲都，另詳）云：「是下卦已極。」
劉瓛釋至之義，蓋採王說，而與褚氏莊氏同（參閱褚氏節）。

至哉坤元，萬物資生。

《義疏》：自無出有曰生；生，得性之始也。（文選卷三十陶淵明雜詩李善注引。又卷六魏都賦注引首句。案：善注未引經文，張惠言、孫堂、黃氏皆以爲「萬物資生」注，馬國翰則以爲繫辭生生之謂易注。愚以乾坤義，繫辭義疏二書皆瓛作，或兩處皆有此注，並存亦無妨也。）

案：《老子》（朱晴園校本）第四十章：「天下萬物（河上、王弼作萬物；御注作之物；朱氏蓋據景龍碑本）生於有，有生於無。」劉氏云「自無出有曰生。」說同《老子》。《詩‧大雅‧烝民》：「天生烝民，有物有則；民之秉彝，好是懿德。」《左傳》成公十三年：「劉子（劉康公）曰：吾聞之：民受天地之中以生，所謂命也；是以有動作禮義威儀之則，以定命也。」《禮記‧中庸》：「天命之謂性。」《大戴禮記‧本命》篇：「分於道謂之命；形於一謂之性。」劉氏云：「生得性之始也。」殆據群經。乃順承天。

《義疏》：萬物資生於地，故地承天而生也。（集解引，四家輯皆同。）

案：《坤‧彖辭》上文云：「至哉坤元，萬物資生。」《說卦》云：「坤爲地。」故劉瓛謂「萬物資生於地」也。然獨坤不生：《咸‧象》曰：「天地感而萬物化生。」《益‧象》曰：「天施地生。」《繫辭傳》曰：「天地之大德曰生。」是故《坤‧文言》：「坤道其順乎，承天而時行。」此劉瓛所以有「故地承天而生」之義也。劉氏《易》義，每尊經旨。

周易繫辭義疏

繫辭傳上

《義疏》：分十二章。（正義云，詳案語。馬、孫、黃皆未輯。張亦未言劉氏分章。）

案：《周易正義》於《周易‧繫辭下》有云：「此篇章數，諸儒不同。劉瓛爲十二章，以對《上繫》十二章也。」各家輯劉瓛《繫辭義》佚文，皆於《繫辭傳》下據《正義》而言劉氏分十二章，而不知劉氏《上繫》亦分十二章也。張惠言《易義別錄》劉子珪「繫辭上義疏」下云：「案《正義上繫》分爲十二章。」亦未指明劉氏。又《正義》又嘗引周弘正《上繫》十二章之分法。考劉早於周，若周氏所分悉同於劉，則《正義》當逕標劉氏而不必言周氏（或附言周

氏即可）矣；故知劉氏十二章之分段必與周氏有出入者。又考朱熹《周易本義》，《上下繫》各分十二章，與周氏異（詳下）；或同於瓛也，謹附以供參考。天尊地卑，爲第一章；聖人設卦，爲第二章；彖者言乎象者也，爲第三章；易與天地準，爲第四章（周氏以「精氣爲物」始，與朱氏異）；一陰一陽之謂道，爲第五章（周氏以「顯諸仁藏諸用」始。與朱氏異）；夫易廣矣大矣，爲第六章（周氏以「聖人有以見天下之賾」始，與朱異）；子曰易其至矣乎，爲第七章（周氏以「初六藉用白茅」始，與朱氏異）；聖人有以見天下之賾，爲第八章（周氏以「大衍之數」始，與朱氏異）；天一地二，爲第九章（周氏以「子曰知變化之道」始，與朱異）；易有聖人之道四焉，爲第十章（周氏以「天一地二」始，與朱氏異）；子曰夫易何爲者也，爲第十一章（周氏以「是故易有太極」始，與朱氏不同）；易曰自天祐之，爲第十二章（周氏以「書不盡言」始，與朱氏異）。明來知德《周易集註》析《上繫》爲十二章，即從朱氏。又宋呂祖謙考定《古周易》，以今之《大象》爲《象傳》；以今之《小象》爲《繫辭傳》；以今之《上下繫》二篇及《說卦》一篇合爲《說卦》上中下三篇。呂氏《古周易說卦》上分十二章：「天尊地卑」爲第一章；「彖者言乎象者也」爲第二章；「易與天地準」爲第三章；「顯諸仁」爲第四章；「夫乾其靜也專」爲第五章；「聖人有以見天下之賾」爲第六章；「大衍之數五十其用四十有九」爲第七章；「易有聖人之道四焉」爲第八章；「天一地二」爲第九章；「易曰自天祐之吉无不利」爲第十章；「子曰書不盡言」爲第十一章；「乾坤其易之縕邪」爲第十二章（中篇分十四章，另詳）。其起訖與《正義》、《本義》亦有出入。

鼓之以雷霆。（易義別錄云：「案注文，經字『鼓之以電霆』。」考注文明云「震爲雷，離爲電。」則劉瓛以「雷霆」爲「雷電」可知；玄應引劉瓛：「霆，雷也。」當正爲：「霆，電也。」張惠言依玄應誤字疑經，非。）

《義疏》：霆，電也。震爲雷，離爲電。（釋玄應一切經音義卷九大智度論卷三十音義引上電字誤爲雷；張惠言、馬國翰輯誤同。孫堂、黃奭所輯，均據下文「離爲電」，謂「霆雷也」之雷乃電字之誤。）

案：《春秋經》隱公九年三月癸酉：「大雨震雷。」《穀梁傳》：「震，雷也；電，霆也。」《玉篇》：「霆，電也。」劉氏釋霆爲電，與《玉篇》合而與《穀梁傳》釋電爲霆者爲互訓。《說卦》：「震爲雷。」又：「離爲火，爲日，爲電。」爲瓛釋「震爲雷離爲電」之所本，劉氏《易》義，多據經文。

悔吝者，言乎其小疵也。

《義疏》：疵，瑕也。（慧琳一切經音義引之凡四：卷二十寶星經卷四音義、卷三十二佛說大淨法門品音義、卷三十三佛說決定總持經音義所引並同。卷三十持人菩薩經卷三音義引作「疵亦瑕也。」此條四家皆未輯之。）

案：《經典釋文》：「小疵，徐邈才斯反；馬融云：瑕也。」劉氏云：「疵，瑕也。」用馬融義。

憂悔吝者存乎介。

《義疏》：介，微也。（玄應一切經音義卷十五，五分律卷八音義引。慧琳音義卷三十四超日明三昧經上卷音義引同。此條四家皆輯之。）

案：上文云：「悔吝者，言乎其小疵也。」此云：「憂悔吝者存乎介。」「存乎介」者，猶「言乎其小疵」之意。劉氏以介爲微，與小疵之小，義正相當。《集解》引虞翻曰：「介，纖也。」《釋文》引王肅、干寶云：「纖介也。」韓康伯《注》云：「纖介也。」劉氏訓微，與諸家訓纖介者義亦同。

震无咎者存乎悔。

《義疏》：悔，改也。（慧琳音義卷三十四佛爲勝光天子說王法經音義引，又卷四十三僧伽吒經卷二音義引同。考：繫辭悔字凡十一見；前乎此者三；皆悔吝連文，蓋懊悔之義，唯此處有改意。又此條四家皆未輯。）

案：上文云：「无咎者，善補過也。」兩文相斟，知「存乎悔」即「善補過」之意。《集解》引虞翻曰：「无咎者善補過，故存乎悔也。」韓康伯《注》曰：「動而无咎，存乎悔過也。」義並相似，然皆不如劉訓改之明白。

易與天地準，故能彌綸天地之道。

《義疏》：彌，廣也；綸，經理也。（玄應一切經音義卷一大方廣佛華嚴音義引易云「彌綸天地之道」注。張惠言易義別錄以爲劉注。考文選孫興公遊天台山賦注引劉瓛周易義曰：『彌，廣也。』釋慧琳一切經音義卷二十二亦引劉瓛注易曰：『彌，廣也。』則玄應所引易注，確是劉瓛注。此條孫堂馬國翰未輯，張惠言黃奭輯之。）

案：《釋文》：「京房云：『彌，遍；綸，知也。』王肅云：『綸，纒裹也。』荀爽云：『彌，終也；綸，迹也。』劉氏訓彌爲廣，與京房訓遍義近；劉氏訓綸爲經理，與荀爽訓纒裹義近。又《集解》引虞翻云：「彌大綸絡，謂《易》在天下

包絡萬物。」劉瓛之義疏，亦與之相似。

至矣哉！

《義疏》：至，極也。（文選卷三十九鄒陽上書吳王注引。馬以爲至矣哉注，張、孫並以爲至哉坤元注，黃奭兩處皆有此注。）

案：已見《乾坤義》，不贅。

生生之謂易

《義疏》：自無出有曰生，生，得性之始也。（文選卷三十陶淵明雜詩注，又卷六左太沖魏都賦注引其首句。馬國翰以爲生生之爲易注，其他三家皆以爲萬物資生注。）

案：已見《乾坤義》，不贅。

聖人有以見天下之賾。

《義疏》：賾者，幽深之極稱也。（慧琳一切經音義引之凡八：卷三十八定不定印經序音義、卷三十一大乘入楞伽經序音義、卷七十七釋門系錄音義、卷九十七廣弘明集音義所引並同。卷八十八集沙門不拜俗議卷四音義脫「者」字；卷十新譯仁王經序音義脫「極」字；卷八十二玄奘本傳卷七音義脫「也」字；卷九十七廣弘明集卷二音義「之極」作「極之」，蓋誤乙；又希麟續一切經音義卷五新譯仁王護國般若波羅蜜經上卷音義引脫「極」，「幽」字壞爲「山」。此條四家皆未輯。）

案：賾，京房作「嘖」，云「情（通志堂經解本作「情」，阮刻十三經注疏所附《釋文》作「債」，校勘記云：「情字是也。」而孫星衍周易集解引京房謂：「嘖，精也。」茲從阮校。）也」，見《釋文》所引。虞翻云：「賾謂初。」見李氏《集解》。古《易》賾注，可見僅此而已。劉瓛以賾爲幽深之極稱，後孔穎達作《周易正義》，云：「賾爲幽深難見。」即本劉義。

慢藏誨盜

《義疏》：誨，示也。（慧琳音義卷二新譯大方廣佛花嚴經第二卷音義引。此條四家皆未輯。）

案：上文云：「小人而乘君子之器，盜思奪之矣；上慢下暴，盜思伐之矣。」下文云：「負且乘，致寇至，盜之招也。」所謂「思」，所謂「致」，所謂「招」，皆與「誨示」同義。劉氏釋《易》，多與上下文義相貫。虞翻《易》「誨」作

「悔」（見陸氏《釋文》），非是。孔氏《正義》云：「若慢藏財物，守掌不謹，則教誨於盜者，使來取此物。」以誨爲教誨，與劉氏誨示同義。

冶容誨淫。

《義疏》：冶，妖冶也；謂傲雅自得，莊飾鮮明之貌也。（玄應音義引之凡三，文字頗有出入：卷十二中本起經下卷音義引如此。卷八維摩詰經上卷音義引作：「冶，妖冶也，謂姿態之貌也。」卷十六大愛道比丘尼經卷上音義引作：「冶，妖冶也。」又慧琳音義卷十五大寶積經第一百九卷音義引作：「冶亦妖也。」此條四家輯同。）

案：《後漢書·崔駰傳》章懷太子李賢注：「《易·繫辭》曰：『冶容誨淫。』鄭玄云：『謂飾其容而見於外曰冶。』」劉瓛釋冶，蓋依鄭玄。

其受命也如嚮，无有遠近幽深，遂知來物。非天下之至精，其孰能與於此。

《義疏》：精，靈也。（慧琳音義卷二十一華嚴經卷二音義引。案：繫辭精字凡四見，依其文義，當爲此處注。此條黃奭以爲「精氣爲物」注，其他三家皆未輯。）

案：此頤卦初九爻辭所謂「靈龜」也，故受命如嚮，遂知來物。劉氏釋精曰靈，當據頤初九爻辭。

聖人以此洗心。

《義疏》：洗，悉殄反，盡也。（釋文引。四家皆輯之。）

案：《經典釋文·尚書音義》下〈酒誥〉第十二：「洗，先典反（與悉殄反同音，皆音 $\frac{T}{g}$ ），馬（融，有尚書注十一卷）云：盡也。」劉瓛注《易》洗字音義，殆本於馬融《書注》也。《易·繫辭》：「一陰一陽之謂道；繼之者善也（之者，道也。中庸：「修道之謂教。」意同）；成之者性也（中庸：「率性之謂道」意亦相同）。」是以「性」爲「善」，故《說卦》云：「窮理盡性以至於命。」窮理盡性，即此洗心之謂也。《中庸》：「唯天下至誠，爲能盡其性。」《孟子·盡心》：「盡其心者，知其性也。」其意並同。劉瓛此注，深獲儒家思想之精義。《釋文》又云：「洗，王肅、韓（康伯）悉禮反（音 $\frac{T}{g}$ ）；京（房）荀（爽）虞（翻）董（遇）張（璠）蜀才作先，《石經》（漢熹平石經）同。」以「洗心」爲「先心」，李道平《周易集解纂疏》引下文「神以知來」爲證而從之，其說亦通。若韓康伯以「洗心」爲「洗濯萬物之心」，增字（增「萬物」之字）

以訓，恐非《繫辭傳》本旨（朱子語錄云：「若聖人之意果如此，何不直言以此洗萬物之心乎」）；朱熹以「洗心」爲「洗濯自家心」（並見語錄），於義尤悖（聖人皦然清潔何勞洗濯耶！）矣！

神以知來；知以藏往。

《義疏》：臧，善也。（陸德明經典釋文：「藏往，如字；劉作臧，善也。」馬國翰云：「案：釋文凡言劉者，皆劉表，其劉昞、劉瓛必標名以別之，而光山胡煦周易函書引作劉瓛，或別有據，今依錄之。」此條張、孫、黃皆未輯。）

案：觀二句文義，似謂：神者，以之察知未來；知者，以之善於往前也。上文云：「无有遠近幽深，遂知來物：非天下之至精，其孰能與此。」又云：「易，无思也、无爲也，寂然不動，感而遂通天下之故：非天下之至神，其孰能與於此。」所謂「遂知來物」，所謂「遂通天下之故」，爲「神以知來」之證。上文又云：「夫易開物成務……是故聖人以通天下之志，以定天下之業，以斷天下之疑。」所謂「通志」「定業」「斷疑」，爲「知以善往」之證。然則以臧爲善，於文義頗密合也。

鉤沉致遠。

《義疏》：鉤，鉤而引之也。（慧琳音義卷八十三玄奘本傳卷三音義引。此條四家皆未輯。）

案：此純釋字義。

以定天下之吉凶，成天下之亹亹者，莫善乎蓍龜。

《義疏》：亹亹，猶微微也。（玄應音義卷九大智度論卷十六音義引。慧琳音義卷七十八經律異相卷十六音義引云：「亹亹猶微妙也。」卷八十內典錄卷十音義、卷八十九高僧傳卷四音義引並云：「微也。」此條四家所輯同。）

案：亹，《釋文》引鄭（玄）云：「沒沒也（通志堂本作汲汲也；此據阮刻十三經注疏本）。」鄭所注「沒沒」即「末末」，謂微末也。《公羊傳》定公八年孔《疏》引鄭康成《易注》曰：「凡天下之善惡（釋天下之吉凶也），沒沒之眾事（釋天下之亹亹也），皆成定之，言其廣大無不包也（釋莫大乎蓍龜也）。」是沒沒義爲微末之證。《集解》引荀爽曰：「亹亹者，陰陽之微，可成可敗也；順時者成，逆時者敗也。」徑以「陰陽之微」釋亹亹。劉瓛繼之，乃有「亹亹猶微微也」之訓矣。唯《釋文》引王肅謂：亹亹，勉也。又《集解》引侯果，

孔氏《正義》，朱子《本義》，皆以「勉勉」釋「亹亹」，與鄭玄、荀爽、劉瓛異。參閱王肅章。

繫辭傳下

《義疏》：分十二章。（孔穎達周易正義。此條孫堂未輯，張、馬、黃輯之。）

案：孔穎達《周易正義・周易繫辭下》第八云：「此篇章數，諸儒不同。劉瓛為十二章，以對《上繫》十二章也。周氏（弘正）、莊氏（佚名），並為九章。今從九章為說也。第一起八卦成列至非曰義；第二起古者包犧至蓋取諸夬；第三起《易》者象也至德之盛；第四起困于石至勿恒凶；第五起乾坤其《易》之門至失得之報；第六起《易》之興至巽以行權；第七起《易》之為書至思過半矣；第八起二與四至謂《易》之道；第九起夫乾天下至其辭屈。」其後司馬光《易說》等，即依《正義》分為九章。劉瓛十二章之分，今已失傳，朱熹作《周易本義》，以「盡合古文」「復孔氏之舊」（並見周易本義周易上經下注。其言曰：「以其簡袠重大，故分為上下兩篇。經則伏羲之畫，文王周公之辭也。并孔子之傳十篇，凡十二篇。中間頗為諸儒所亂，近世晁氏始正其失。而未能盡合古文，呂氏又更定著為經二卷，傳十卷，乃復孔氏之舊云」）自許，分《下繫》為十二章，或即劉氏之舊，錄以待考。八卦成列，為第一章；古者包犧，為第二章；是故《易》者象也，為第三章；陽卦多陰，為第四章；《易》曰憧憧往來，為第五章；子曰乾坤，為第六章；《易》之興也，為第七章；《易》之為書也不可遠，為第八章；《易》之為書也原始要終，為第九章；《易》之為書也廣大悉備，為第十章；《易》之興也其當殷之末世，為第十一章；夫乾天下之至健，為第十二章。其後來知德作《周易集注》，即依《本義》分為十二章。又呂祖謙以今之「《繫辭下》」即《古周易》「《說卦》中」（詳已見繫辭上下案語）。並以《古周易說卦》中分十四章，如下：「八卦成列」為第一章；「夫《乾》確然示人易矣」為第二章；「古者包犧氏之王天下也」為第三章；「陽卦多陰」為第四章；「子曰《乾坤》其《易》之門邪」為第五章；「夫《易》彰往而察來」為第六章；「《易》之興也」為第七章；「《易》之為書也原始要終」為第八章；「《易》之為書也廣大悉備」為第九章；「《易》之興也其當殷之末世周之」為第十章；「夫《乾》天下之至健也」為第十一章；「八卦以象告」為第十二章；「變動以利言」為第十三章；「將叛者」為第十四章。與《正義》之分九章，《本義》之分十二章並異。

第四節　附錄：劉瓛《易注》二條

☰ 離下
乾上　**同人**

九三，伏戎于莽，升其高陵，三歲不興。

三以陽居下體之上，不能屈于下，是不能同人于門也；居外而用剛，是不能同宗于內也；故爻辭不稱同人，茲用壯而強欲人同于己者也。三居下體之上，故謂之陵；有憑上之志，故謂之升。三歲不能興，則二與五通矣。（宋李衡周易義海撮要引劉，元董眞卿周易會通引「三居下體之上故謂之陵；有憑上之心故謂之升。」二句，題以「劉氏瓛曰」。）

案：同人初九爻辭：「同人于門。」初以陽居下體之下，以其能屈，故在門而與他爻和同。劉氏以九三與初九相較，乃云：「三以陽居下體之上，不能屈於下，是不能同人于門也。」同人六二爻辭：「同人于宗。」二以陰居下體之中，以其獨柔，故在宗而與諸剛和同。劉氏以九三與六二相較，乃云：「居外而用剛，是不能同宗于內也。」三既不能同人于門，復不能同人于宗，是恃其剛而欲人同乎己者矣，故劉氏曰：「爻辭不稱同人，茲用壯（大壯九三爻辭：「小人用壯」）而強欲人同于己者也。」劉氏以上所釋殆皆依諸爻爻辭相較而得者也。劉氏又謂：「三居下體之上，故謂之陵；有憑上之志，故謂之升。三歲不能興，則二與五通矣。」則據爻位而立說。

九四，乘其墉，弗克攻，吉。

四剛而不正，又无應乎時，強欲使人同己，故爻辭无同人之稱。（李衡周易義海撮要引「劉」）

案：蓋亦由諸爻爻辭相較而得，參見上條。

第十九章　梁・蕭衍：《周易大義》

第一節　撰　人

　　蕭衍（宋孝武帝大明八年，西元 464 年生），字叔達，小字練見，南蘭陵（今江蘇武進西北）中都里人，漢相國蕭何（史記卷五十三，漢書卷三十九有傳）之後也。少而篤學；及長，洞達儒玄。好籌略，有文武才幹，時流名輩咸推許焉。齊竟陵王蕭子良（南齊書卷四十，南史卷四十四有傳）開西邸（在齊武帝永明五年，西元 487 年），招文學，衍與沈約（梁書卷十三，南史卷五十七有約傳）、謝朓（南齊書卷四十七，南史卷十九有傳）、王融（南齊書卷四十七，南史卷五十一有傳）、蕭琛（梁書卷二十六，南史卷十八有琛傳）、范雲（梁書卷十三，南史卷五十七有雲傳）、任昉（梁書卷十四，南史卷五十九有昉傳）、陸倕（梁書卷二十七，南史卷四十八有傳）等並遊焉，號曰八友。隆昌初（隆昌爲齊廢帝昭業年號，當西元 494 年），蕭鸞（後篡位自立，史稱齊明帝。見南齊書卷六，南史卷五）輔政（時蕭鸞爲侍中尚書令），起衍爲太子庶子給事黃門侍郎，入直殿省。鸞之篡立，蕭諶（南齊書卷四十二，南史卷四十一有傳）爲定策，衍亦預焉。以勳封建陽縣男。魏軍南侵（齊明帝建武二年寇司州，建武三年又寇雍州），衍復以軍功爲雍州刺史，都督軍事，鎮襄陽。齊廢帝寶卷即位（西元 499 年），濫殺大臣，衍長兄懿被害（西元 500 年，懿時爲尚書令）。衍遂起兵，東陷建康，寶卷爲王珍國（梁書卷十七，南史卷四十六有傳）所殺。齊和帝寶融拜衍爲大司馬，封梁王。和帝中興二年（西元 502 年），衍廢融自立，史稱梁武帝。踐阼後，大修文教：天監初（元年，當西元 502 年。案：梁書及南史本紀皆不著其年，且文次於天監四年立五館之後。考何佟之卒於天監二年，則五禮始撰於元年），則何佟之（梁書卷四十八，

南史卷七十一有傳）等覆述制旨，并撰吉凶軍賓嘉五禮；天監四年，立五館，置五經博士。七年，詔大啓庠斅，博延冑子。九年，車駕親幸國子學，令皇太子及王侯之子入學（梁書南史儒林傳皆無「九年」字，茲據梁書南史本紀正之）。大同七年（西元 541 年），於宮城西立士林館，延集學者，朱异（梁書卷三十八，南史卷六十二有傳）、賀琛（梁書卷三十八，南史卷六十二有傳）、孔子袪（梁書卷四十八，南史卷七十一有傳）等，遞相講述。於是四方郡國，趨學向風，雲集於京師矣。衍兼信佛法，尤長釋典（梁書及南史本紀謂嘗製涅盤，大品、淨名、三慧諸經義記數百卷）。聽覽餘閑，即於重雲殿及同泰寺講說。名僧碩學，四部聽眾，常萬餘人。陰陽緯候、卜筮占決，並悉稱善（梁書本紀謂嘗撰金策三十卷）；草隸（梁書卷三十五有衍論蕭子雲書；古文苑有衍草書狀；張彥遠法書要錄有衍觀鍾繇書法十二意，又道藏陶隱居集有衍答陶弘景書，論書法。說郛有梁武帝書評一卷）尺牘（梁武帝之詔、勅、制、冊、璽書、令、檄、表、書，今存者多在明。張溥編：漢魏六朝百三家集。及嚴可均輯：全上古三代秦漢三國六朝文），騎射弓馬，莫不奇妙。藝能博學，罕或有焉。太清三年（西元 549 年），為叛將侯景（傳在梁書卷五十六，南史卷八十）挾持，憂憤而卒（年八十有六）。《隋志》載其著述，有：《周易大義》二十一卷、《周易繫辭義疏》一卷、《周易講疏》三十五卷（以上三書並詳考證及佚文）、《尚書大義》二十卷（亡）、《毛詩發題序義》一卷（亡）、《毛詩大義》十一卷（亡）、《禮記大義》十卷（亡）、《中庸講疏》一卷（亡）、《制旨革牲大義》三卷（亡）、《樂社大義》十卷（佚，有漢學堂輯本）、《樂論》三卷（亡）、《黃鍾律》六卷（佚，有玉函山房輯本）、《孝經義疏》十八卷（佚，有玉函山房輯本）、《孔子正言》二十卷（佚，玉函山房輯有論語梁武帝注）、《通史》四百八十卷（非梁武帝親撰，本紀云：「躬製贊序。」是）、《老子講疏》六卷（亡）、《梁武帝兵書鈔》一卷（亡）、《梁武帝兵書要鈔》一卷（亡）、《圍棋品》一卷（亡）、《碁法》一卷（亡）、《梁武帝集》三十二卷（隋志：「二十六卷，梁有三十二卷。」佚，有張溥、嚴可均本）、《梁武帝詩賦集》二十卷（佚，有張溥，嚴可均、丁福保輯本）、《梁武帝雜文集》九卷（佚，在張溥，嚴可均輯本）、《梁武帝淨業賦》三卷（存，在張溥、嚴可均輯本）、《歷代賦》十卷（亡）、《圍棋賦》一卷（存，在張溥、嚴可均輯本）、《梁武連珠》一卷（沈約注，佚。在張溥、嚴可均、丁福保輯本中）、《梁武帝制旨連珠》十卷（有邵陵王綸注及陸緬注二種。按即梁武連珠，而注者異）。篇卷亦云夥矣。

第二節　考　證

　　《梁書》及《南史》本紀所載梁武帝蕭衍之《易》學著述，有《周易講疏》及《六十四卦二繫文言序卦等義》。前者即《隋書‧經籍志》之《周易講疏》三十五卷；後者即《隋志》之《周易大義》二十一卷及《周易繫辭義疏》一卷。《講疏》及《繫辭義疏》，兩《唐志》不載，蓋已佚矣；《大義》則兩《唐志》著錄二十卷。《宋志》以下，並《大義》亦不錄，蓋又佚矣。《隋志》又有《周易問》二十卷，不著撰人；兩《唐志》有《周易大義疑問》二十卷，梁武帝撰。姚振宗（清人，著快閣師石山房叢書。包括七略別錄佚文、七略佚文、漢書藝文志條理、漢書藝文志拾補、《隋書‧經籍志》考證、後漢藝文志、三國藝文志）《隋志考證》（開明書店二十五史補編本）比勘《隋》《唐志》，以爲《周易問》即《周易大義疑問》。〈梁武帝本紀〉云：「王侯朝臣，皆奉表質疑，高祖皆爲解釋。」故有此類問答之書。《隋志》又有《周易文句義》二十卷，不著撰人；《周易開題論序》十卷，題梁蕃（姚振宗疑梁蕃即梁代緒王）撰。兩《唐志》有《周易文句義疏》、《周易開題論序》。《舊唐志》題梁武撰；《新唐志》題梁蕃撰。考《舊唐志》著錄經籍，以類爲綱，以時爲次。其錄梁武之書，置陸德明、薛仁貴（皆唐人）所作之後，則《舊唐志》不以「梁武」爲「梁武帝」者可知。《新唐志》訂「武」爲蕃，或別有所據。《周易問》、《周易文句義》、《周易開題論序》，今亦皆亡矣。此史志所載有關梁武帝《易》學著作之大略也。

　　然史所稱梁武帝諸作，是否親撰，殆有疑焉。若《周易問》、《周易文句義疏》、《周易開題論序》，《隋志》未題梁武帝撰者，固無論矣。《廣弘明集》（頻伽精舍校刊大藏經本）卷十九載武帝〈敕答皇太子請御講啓〉及〈敕答啓奉請上開講〉，一則曰：「晝勞夜思，精華已竭，數術多爭，未獲垂拱，兼國務靡寄，豈得坐談？」再則曰：「吾內外眾緣，憂勞紛總，食息無暇，廢事論道，是所未暇。」則《隋志》題梁武帝撰者，若《周易講疏》、《周易大義》、《周易繫辭義疏》，梁武果有暇手撰之否，亦不能無疑也。《南史‧儒林‧孔子袪傳》：「梁武帝撰《五經講疏》，專使子袪檢閱群書，以爲義證。」則講稿之撰作，檢閱群書者，另有其人焉；《南史‧儒林‧沈洙傳》：「朱异賀琛於士林館講制旨義，常使洙爲都講。」則制旨義之宣講，都講者另有其人焉；《陳書‧儒林‧張譏傳》：「梁武帝嘗於文德殿釋《乾坤》文言，譏與陳郡袁憲等預焉。勅命論議，諸儒莫敢先出，譏乃整容而進，諮審循環，辭令溫雅，梁武帝甚異之。」則講釋之後，論議者另有其人焉。《梁書‧儒林‧賀瑒傳》：「以瑒兼五經博士，別詔爲皇太子定禮，撰《五經義》（隋志有五經異同

評一卷，賀瑒撰，亡。未著錄五經義）。」則經義之撰定，亦另有其人焉。然則《隋志》題梁武帝撰之《周易大義》、《講疏》等，庸詎知非孔子袪、朱异、賀琛、沈洙、張譏、賀瑒等奉旨研討撰定者耶！

抑有進者，梁武帝對佛法之迷信，尤甚於對儒術之尊崇。《廣弘明集》卷四載梁武帝天監三年（西元 504 年）四月十一日〈敕公卿百官侯王宗族捨事李老道法詔〉云：「老子、周公、孔子等，雖是如來弟子，而化迹既邪（頻伽精舍校刊大藏經本廣弘明集，集古今佛道論衡，皆作「化迹既邪」；嚴可均全梁文卷四則作「爲化既邪」），止是世間之善，不能革凡成聖。」其觀點固如是矣。故其講論五經，特援儒以證佛及借儒以襯佛耳，非醇然儒者言也。茲就《易》經而述之。梁武帝《注解大品經序》（大品經即摩訶般若波羅密經，在大藏經中屬般若部，梁武注大品經，佛祖歷代通載謂在天監五年；佛祖統紀則謂在天監六年：皆非也。廣弘明集卷十九梁陸雲御講波若經序：「上以天監十一年注釋大品。」蓋在天監十一年，西元 512 年也）：「機事未形，六畫（六爻也）得其悔吝（悔吝連文，易繫辭凡六見；又悔且吝一見）；玄象既運，九章測其盈虛。斯則鬼神不能隱其情狀（易繫辭曰：是故是鬼神之情狀）：陰陽不能遁其變通（易說卦：觀變於陰陽而立卦）。至如摩訶般若波羅密（廣弘明集第十九卷有蕭子顯撰御講金字摩訶般若波羅蜜經序，內載梁武帝發般若經題云：「摩訶此言大，般若此言智慧，波羅此言彼岸，蜜此言度又云到：具語翻譯云：大智慧到彼岸」）者，洞達無底，虛豁無邊；心行處滅，言語隔斷；不可以數術求，不可以意識知……。」此借《易經》以襯佛經也。又出《古育王塔下佛舍利詔》（廣弘明集卷十五）：「《易》曰：『隨時之義（石經、岳本、閩、監、毛本周易並同，釋文云王肅本作隨之時義。皆見阮元周易校勘記）大矣哉！』今真形舍利復現於世，逢希有之事，起難遭之想……。」此援《易》說以證佛法也。

雖然，梁武天資睿敏，博學多通，頗明《易》學源流。依《易經》而言人事，既富卓識；據《易經》而言天象，亦多精義。《陳書·周弘正傳》（卷二十四），謂弘正啟梁武帝《周易》疑義五十條；又請釋乾坤二繫。梁武帝詔答曰（陳書及南史文皆在「時於城西立士林館，弘正居以講授，聽者傾朝野焉。」之下，按士林館之立，在大同七年（西元 541 年）。則弘正啟及梁武詔答亦當在此年或稍後也）：「設卦觀象，事遠文高；作繫表言，辭深理奧（易繫辭上：「聖人設卦觀象，繫辭焉而明吉凶」）。東魯絕編之思（史記孔子世家：「孔子晚而喜易，序象繫象說卦文言，讀易韋編三絕」）；西伯幽憂之作（易繫辭：「易之興也，其於中古乎？作易者，其有憂患乎？」又曰：「易之興也，其當殷之末世，周之盛德邪？當文王與紂之事

邪？」故史記太史公自序云：「昔西伯拘羑里演周易」）。事踰三古（漢書藝文志：
「世歷三古。」顏師古注引孟康曰：「易繫辭曰：『易之興，其於中古乎？』然則
伏羲爲上古，文王爲中古，孔子爲下古」），人更七聖（漢書藝文志：「人更三聖。」
顏注引韋昭曰：「伏羲、文王、孔子。」七聖未聞，或並神農、黃帝、夏禹、周公
而數之與？）。自商瞿稟承（史記仲尼弟子列傳：「商瞿、魯人，字子木，少孔子
二十九歲，孔子傳易於瞿。」儒林列傳：「自魯商瞿受易孔子」），子庸傳授（史記
仲尼弟子列傳：「瞿傳楚人馯臂子弘，弘傳江東人矯子庸疵，疵傳燕人周子家豎，
豎傳淳于人光子乘羽，羽傳齊人田子莊何，何傳東武人王子中同，同傳菑川人楊
何，何元朔中以治易爲漢中大夫。」漢書儒林傳：「自魯商瞿子木受易孔子，以授
魯橋庇子庸，子庸授江東馯臂子弓，子弓授燕周醜子家，子家授東武孫虞子乘，
子乘授齊田何子裝」），篇簡湮沒（漢書藝文志：「劉向以中古文易經校施、孟、梁
丘經，或脫去無咎、悔亡。」是易經篇簡有湮沒也），歲月遼遠。田生表菑川之譽
（漢書儒林傳：「田何以齊田徙杜陵號杜田生，授東武王同子中，雒陽周王孫、丁
寬，齊服生：皆著易傳數篇。」按：田何齊人，後徙杜陵，此云表菑川之譽，疑
涉菑川人楊何而致誤）；梁丘擅琅邪之學（漢書儒林傳：「丁寬授同郡碭田王孫、
王孫授施讎、孟喜、梁丘賀，繇是易有施、孟、梁丘之學。」案：梁丘賀爲琅邪
人）。代郡范生（後漢書卷三十六范升傳：「范升，字辯卿，代郡人也。少孤，依
外家居。九歲通論語、孝經。及長，習梁丘易、老子。教授後生」），山陽王氏（魏
志卷二十八鍾會附傳：「山陽王弼，好論儒道，辭才逸辯，注易及老子，爲尚書郎，
年二十餘卒」），人懷荊山之寶，各盡玄言之趣。說或去取，意有詳略。近縉紳之
學，咸有稽疑，隨答所問，已具別解（唐書經籍志所載有周易大義疑問二十卷，
注云：梁武帝撰）。知與張譏（陳書卷三十三，南史卷七十一有傳）等三百一十二
人須釋乾坤文言及二繫，萬機小暇，試當討論。」蓋梁武《易》學，遠祧梁丘，
近宗王氏（梁武文集中引易，文字皆與弼同，詳佚文），師承家法，可以略知（具
見前注）也。〈淨業賦〉（有張溥及嚴可均輯本）序云：「上政昏虐，下豎姦亂；君
子道消，小人道長。」以「上政昏虐下豎姦亂」釋否卦象辭「君子道消，小人道
長。」此依人事以說《易》義，理至深長。《開元占經》（唐人瞿曇悉達撰，嚴可
均全梁文引）卷一載梁武帝《天象論》略云：「《繫辭傳》云：『易有太極，是生兩
儀（繫辭上：「是故易有太極，是生兩儀」）。』元氣已分，天地設位（繫辭下：「天
地設位，聖人成能」）。清浮升乎上；沈濁居乎下（易緯乾鑿度：「一者形變之始，
清輕者上爲天，濁重者下爲地」）。陰陽以之以變化；寒暑用此而相推（繫辭下：「陽
卦多陰，陰卦多陽：寒往則暑來，暑往則寒來。寒暑相推而歲成焉」）。辨尊卑貴

賤之道（繫辭上：「天尊地卑，乾坤定矣；卑高以陳，貴賤位矣」）；正內外男女之宜（繫辭下：「乾道成男，坤道成女。」易家人象曰：「家人，女正位乎內，男正位乎外」）。在天成象，三辰顯曜；在地成形，五雲布澤（繫辭上：「在天成象，在地成形」）。斯昏明于晝夜；榮落于春秋（繫辭上：「日月運行，一寒一暑」）。大聖之所經綸；以合三才之道（易說卦：「昔者聖人之作易也，將以順性命之理。是以立天之道曰陰與陽；立地之道曰柔與剛；立人之道曰仁與義。兼三才而兩之，故易六畫而成卦。」）……易曰：『大哉乾元，萬物資始（乾象辭）。』『至哉坤元，萬物資生（坤象辭）。』資始之氣，能始萬物，一動一靜（易繫辭：「夫乾，其靜也專，其動也直，是以大生焉」），或此乃天之別用，非即天之妙體；資生之氣，能生萬物，一翕一闢（易繫辭：「夫坤，其靜生翕，其動也闢，是以廣生焉」），或此亦地之別用，非即地之妙體……」則梁武天論，以《易》為基，梁武帝又謂「星亦自有光」，「星、月及日，體質皆圓；非如圓鏡，當如丸矣。」（並見開元占經卷一）今皆一一證實矣。

　　史又稱梁武帝「卜筮占決並悉稱善」，《南史·本紀》嘗載：梁大同中同泰寺災，帝召太史令虞履筮之，遇坤履（六三不變，餘爻皆變），帝曰：「斯魔鬼也。酉應見卯，金來克木（坤上六癸酉金六三乙卯木也）。卯為陰賊（納甲應情之例，詳干寶章），鬼而帶賊，非魔何也？」蓋梁武於占驗亦有所鑽研也。

　　梁武帝《易》學諸作，今唯《經典釋文》引其四節。馬國翰、黃奭皆輯之，而略知其概。陸氏未言引自何書，黃奭題為《周易講疏》，馬國翰以《講疏唐志》不錄，蓋《大義》逸文也。馬氏並採《武帝集》引《易》三條附之。其中「西鄰禴祭，實受其福。」一條，未明引《易》曰，且文字有略（鄰下本有之字），非《易》原文，刪之。其音義得失，《易》學源流，並論於佚文諸條下云。

第三節　佚　文

文言曰

《大義》：《文言》是文王所制。（釋文引梁武帝曰。馬國翰、黃奭皆輯之。）

案：《文言》於《易》為傳，《十翼》之一也。《史記孔子世家》：「孔子晚而喜《易》：《序》、《彖》、《繫》、《象》、《說卦》、《文言》。」《漢書·藝文志》：「孔氏為之《彖》、《象》、《繫辭傳》、《文言》、《序卦》之屬十篇。」故孔穎達《周易正義》卷一〈周易八論〉第六〈論夫子十翼〉云：「《十翼》之辭，以為孔子

所作，先儒更無異論。」自宋歐陽修《易童子問》（三卷，在歐陽文忠公集卷七十六至七十八，四部叢刊影元本）出，始以「何獨《繫辭傳》焉，《文言》、《說卦》而下，皆非聖人之作，而眾說淆亂，亦非一人之言也。」疑《十翼》非孔子所作。考《文言》六言「子曰」（子曰：龍德而隱者也。一也；子曰：龍德而正中者也。二也；子曰：君子進德修業，三也；子曰：上下无常，非爲邪也。四也；子曰：同聲相應，同氣相求，五也；子曰：貴而无位，高而无民，六也），自非孔子親著；又多陰陽之說（如：陽氣潛藏、陰雖有美、陰疑於陽必戰，爲其嫌於无陽也），乃戰國以來風氣；但自《孟子》始言「仁義」，《文言》亦屢言之（如：君子體仁足以長人，利物足以和義）：故知《文言》之著成，當在陰陽家及孟子之後（以上略本梁啓超說，見古書眞僞及其年代）。然《史記》既已言及《文言》（見上引），董仲舒《春秋繁露》（武英殿聚珍版本）嘗引：「《易曰》：『履霜堅冰蓋言遜也。』」爲《文言》之文，則《文言》之成篇，亦不得晚於西漢初年。梁武帝以《文言》爲文王所制，非也。章太炎先生《國學略說》內《經學略說》（孫世揚先生校錄本。）嘗云：「梁武帝謂：『《文言》者，文王之言也。』今按：『元者，善之長也；亨者，嘉之會也；利者，義之和也；貞者，事之幹也。君子體仁足以長人；嘉會足以合禮，利物足以知義；貞固足以幹事。』，此五十字爲穆姜語（萱按：見左傳襄九年）。惟體仁作體信略異。穆姜在孔子前，故梁武帝謂爲文王之言。然文王既作卦辭曰元亨利貞，而又自作《文言》以解之，恐步詞費。由今思之……所以題曰《文言》者，蓋解《釋文》王之言。」亦不以梁武帝之言爲是也。

乾下
艮上　**大畜**

上九：何天之衢，亨。

《大義》：何，音賀。（釋文：「何音河，梁武帝音賀。」馬國翰、黃奭皆輯之。）

案：《廣韻》（澤存堂本）上平七歌：「何，辝也；《說文》：『儋也。』又姓。胡歌切。」上聲三十三哿：「荷，負荷也，胡可切。」「何，上同。」何字僅此平上二音，而無音去聲賀者。考《梁書》卷十三《沈約傳》：「帝（梁武帝）問周捨（梁書卷二十五，南史卷三十四有傳）曰：『何謂四聲？』捨曰：『「天子聖哲」是也。』然帝竟不遵用。」可知武帝四聲不辨，其音何爲賀，蓋誤讀。

䷝ 離下
　離上　**離**

六五

象曰：「六五之吉，離王，公也。」

《大義》：離，力智反。（釋文：「離，音麗，鄭作麗。王肅云：『麗王者之後爲公。』梁武力智反，王嗣宗同。馬國翰、黃奭皆輯之。」）

䷂ 震下
　坎上　**屯。**

案：《廣韻》「離」音凡三：上平支韻呂支切之離爲離別（近曰離，遠曰別）、離黃（鳥名，今作鸝）、離姓（孟子有離婁）等義，去聲寘韻力智切之離爲去義；去聲霽韻郎計切之離爲附離義。考《離・彖》曰：「離，麗也，日月麗乎天，百穀草木麗乎土；重明以麗乎正，乃化成天下；柔麗乎中正，故亨。」故鄭玄「離王公也」之「離」逕作「麗」；王肅以「麗」釋「離」；《釋文》亦以「離音麗」。其音至隋唐時並入《廣韻》去聲霽韻，讀郎計切。梁武帝音力智反，則在《廣韻》去聲寘韻，爲離去義，與《易》義不合。疑梁武此音亦屬誤讀。奈何王嗣宗（年里未詳，馬國翰疑即王弼之兄王宏字正宗者也。《釋文》離卦引其音義三節）亦有此誤也！

䷺ 坎下
　巽上　**渙，亨，王假有廟，利涉大川，利貞。**

《大義》：假，音賈。（釋文：「假，庚白反，下同。梁武帝音賈。」馬國翰、黃奭皆輯之。）

案：《經典釋文》卷二《周易音義》所載「假」字音義凡有四條：《家人》：「王假有家。」《釋文》：「假，更白反，注同，至也；鄭（玄）云：『登也。』徐（邈）：『古雅反。』馬融云：『大也。』一也。《萃》：「王假有廟。」《釋文》：「假，更白反。」二也。《豐》：「王假之。」《釋文》：「庚白反，至也，下同。馬：『古雅反，大也。』三也。《渙》：「王假有廟。」《釋文》：「庚白反，下同，梁武帝音賈。」四也。計其音義，凡有二類：鄭云登也，陸德明以爲更白反（庚白反音同），至也（廣韻入聲陌韻古伯切有「佫，至也，亦作假」，此一類；馬融、徐邈並以爲古雅反。廣韻上聲馬韻古疋切有假，即此音），梁武帝音賈

者同（廣韻古疋切有賈），義爲大（爾雅釋詁：「假，大也。」方言卷一：「凡物」之壯大者而愛偉之，謂之夏；周鄭之間，謂之假），此又一類。梁武帝讀假音賈，蓋同於馬融、徐邈；而異於鄭玄、陸德明也（考鄭易源於馬融，然鄭綜合今，兼採眾說，故有異焉）。

第四節　附　錄

坤下
乾上　否

九五，休否，大人吉，其亡其亡，繫于苞桑。

《大義》：其亡繫于苞桑，斯則乾乾夕惕，僅而後免。（廣弘明集卷十九梁武帝敕答梁皇太子綱又啓請御講引。馬國翰輯之，黃奭未輯。）

案：苞桑之苞，李鼎祚《集解》本及所引荀爽、陸績、鄭玄本皆作「包」（文選卷五十二曹元首六，代論善注引鄭康成曰：「苞、植也。否世之人，不知聖人有命，咸云：其將亡矣，其將亡矣，而聖乃自繫于植桑，不亡也。」作苞，與集解引作包異。未知孰是）；朱熹《本義》亦謂：「古《易》作包。」其義：則荀爽曰：「乾坤相包。（集解引。乾坤相包，參同契文。）」陸績曰：「本也，言其堅固不亡。（集解引。）」王弼《注》本作「苞」（阮元校勘記：「岳本、閩、監、毛本同。石經初刻作包，後改苞，是也。」），注云：「乃得固也。」則亦訓「苞」爲「固」。孔穎達《疏》云：「苞，本也；凡物繫於桑之苞本則牢固也。」梁武帝《易》宗王弼（詳考證），故亦作「苞」字。「乾乾夕惕」，《乾》九三爻辭。

巽下
巽上　隨

隨時之義大矣哉。（廣弘明集卷十五梁武帝出古育王塔下佛舍利詔引。馬國翰輯之，黃奭未輯。）

案：隨時之義，王弼《注》本，李鼎祚《集解》本及所引蜀才本並同；唯《釋文》載：「王肅本作隨之時義。」爲不同耳。梁武宗弼，此又一佐證。

第二十章　梁·伏曼容：《周易集解》

第一節　撰　人

　　伏曼容（宋武帝永初二年，西元 421 年生），字公儀，平昌安丘（今山東省安丘縣）人。曾祖滔，晉著作郎；父胤之，宋司空主簿。曼容早孤，與母兄客居南海。少篤學，善《老》、《易》，倜儻好大言。常云：「何晏（三國魏人，三國志魏書卷九有傳）疑《易》中九事（世說新語規箴第十劉孝標注引管輅別傳曰：「輅明周易，裴徽謂曰：『何尚書神明清徹，自言不解易中九事，必當相問。』輅曰：『若九事皆至義，不足勞思；若陰陽者，精之久矣。』輅至洛陽，果爲何尚書問九事，皆明。何曰：『君論陰陽，此世無雙也。』」何焯困學紀聞校注謂「平叔自言不解易中九事，皆陰陽之占。」殆據管輅別傳。又南齊書張緒傳：「緒常云：『何平叔所不解易中七事，諸卦中所有時義，是其一也。』」王應麟困學紀聞評之云：「晏以老莊談易，係小子觀朶頤，所不解著，豈止七事哉！」），以吾觀之，晏了不學也。故知平叔（晏字）有所短。」聚徒教授以自業，爲驃騎行參軍，宋明帝好《周易》（隋志有周易義疏十九卷，宋明帝集群臣講。另詳之），集朝臣於清暑殿講（宋書明帝紀謂「於華林園芳堂講周易，常自臨聽。」與此地異），詔曼容執經（袁粲亦嘗爲執經，見宋書袁粲傳）。曼容素美風采，帝恒以方嵇叔夜，使吳人陸探微畫叔夜像以賜之。袁粲爲丹陽尹，請爲江寧令，入拜尚書外兵郎（南史云：「嘗與袁粲罷朝相會，言玄理，時論以爲一臺二絕」）。齊建元（建元爲齊高帝年號，凡四年，西元 479 至 482 年）中，上書勸封禪，高帝以爲其禮難備，不從。永明（齊武帝年號，凡十一年，西元 483 年至 493 年）初，爲太子率更令，侍皇太子講。衛將軍王儉（南齊書卷二十三，南史卷二十二，皆有儉傳）深相交好，令與河內

司馬憲（南史卷七十二有傳附丘巨源傳下。隋志有喪服經傳義疏五卷，司馬瓛撰，瓛當是憲字之誤）、吳郡陸澄（南齊書卷三十九，南史卷四十八有澄傳）共撰《喪服義》（隋志著錄王儉喪服古今集記三卷及喪服圖一卷，無伏曼容三人之喪服義）。既成，又欲與之定禮樂。會儉薨，出爲武昌太守。建武（齊明帝年號，凡四年，西元 494 年至 497 年）中，拜中散大夫。時明帝（蕭鸞）不重儒術。曼容宅在瓦官寺東，施高坐於聽事，有賓客，輒升高坐爲講說，生徒常數十百人。梁臺建，召拜司馬，出爲臨海太守。天監元年（西元 502 年）卒於官，年八十二。《梁書》暨《南史》皆入〈儒林傳〉（梁書在卷四十八，南史在卷七十一，爲本文所據）。曼容多伎術，善音律；射馭、風角、醫筭，莫不閑了。著《周易集解》（詳考證及佚文條）、《毛詩集解》（隋志未著目，亡）、《喪服集解》（隋志未著目，亡）、《老莊義》（隋志未著目，亡）、《論語義》（隋志未著目，佚）。

第二節　考　證

　　《隋書‧經籍志》經部《易》類著錄：「梁有臨海令伏曼容注《周易》八卷，亡。」據《齊書》及《南史》本傳（參見撰人條），曼容撰述，《周易》、《毛詩》、《喪服》，皆稱「集解」；《老子》、《論語》，並稱「義」。茲依本傳訂其書名爲《周易集解》焉。其書《隋志》云亡，賴李鼎祚《周易集解》，陸德明《經典釋文》，各引一則，歷城馬氏據以輯爲一卷，序云：「觀其說《蠱卦》一節，引《尚書大傳》，今本無之。知當日引喻鴻通，不同叩寂。其它論說，當更有精義微言，出人意表者，惜無從考證之矣。」今案其說蠱，與許愼及《九家易》並相近（詳佚文）。其釋拯字，以爲濟也，後儒如朱熹作《周易本義》，即採用之。又《漢上周易叢說》（朱震撰，通志堂經解本）嘗記伏曼容旁通往來之說（似非伏書原文，故不入佚文條）。其言旁通云：「《說卦》曰：『天地定位，山澤通氣，雷風相薄，水火不相射。』六子皆以《乾坤》相易而成：《艮》《兌》以終相易（坤☷終爻易爲陽，則成艮☶矣；乾☰終爻易爲陰，則成兌☱矣）；《坎》《離》以中相易（坤☷中爻易爲陽，則成坎☵矣；乾☰中爻易爲陰，則成離☲矣）；《震》《巽》以初相易（坤☷初爻易爲陽，則成震☳矣；乾☰初爻易爲陰，則成巽☴矣）。終則有始，往來不窮，不窮所謂通也：此虞翻、蔡景君（漢人，在虞翻前，李鼎祚周易集解「謙，亨。」下注云：「虞翻曰：乾上九來之坤，與履旁通，天道下濟，故亨。彭城蔡景君說：剝上來之三。」案漢志有蔡公易傳二篇，注：「蔡公，衛人，事周王孫。」馬國翰云：「意景君即蔡公，殆衛人而官彭城。」）、伏曼容旁通（屈翼鵬先生先秦

漢魏易例述評云：「旁通者，謂兩卦相比，爻體互異；此陽則彼陰，此陰則彼陽，兩兩相通也」）之說也。」其言往來云：「《訟・彖》曰：剛柔（柔當作來，漢上易傳訟彖曰作來不誤）而得中（李鼎祚周易集解引虞翻曰：「遯三之二也。」又引蜀才曰：「此本遯卦也。案二進居三，三降居二，是剛來而得中也。」案：遯▤卦二三兩爻上下往來，剛柔相變，則成訟▤矣）；《隨・彖》曰：剛來而下柔（集解引虞翻曰：「否乾上來之坤初，故剛來而下柔。」案：否▤卦初終兩爻上下往來，剛柔相變，則成隨▤矣）；《蠱卦》曰：剛上而柔下（集解引虞翻曰：「泰初之上，故剛上；坤上之初，故柔下。」案：泰▤卦初終兩爻上下往來，剛柔相變，則成蠱卦矣）；《噬嗑・彖》曰：剛柔分（集解引虞翻曰：「否五之坤初，坤初之五。」又引盧氏曰：「此本否卦乾之九五分降坤初，坤之初六，分升乾五，是剛柔分也。」案：否▤卦初五兩爻上下往來，剛柔相變，則成噬嗑▤矣），動而明（集解引盧氏曰：「分則雷動於下，電照於上。」案：噬嗑震下離上，故云然）；《賁・彖》曰：柔來而文剛（集解引虞翻曰：「泰上之乾二，乾二之坤上，柔來文剛。」又引荀爽曰：「此本泰卦，謂陰從上來，居乾之中，文飾剛道，交於中和。」），分剛上而文柔（集解引荀爽曰：「分乾之二，居坤之上，上飾柔道，兼據二陰。」案：泰▤卦九二六上上下往來，剛柔相變，則成賁▤卦矣）；《无妄・彖》曰：剛自外來而爲主於內（集解引虞翻曰：「遯上之初。」又引蜀才曰：「此本遯卦。案：剛自上降爲主於初。」案：遯▤卦初三兩爻上下往來，剛柔相變，則成无妄▤矣）；《大畜・彖》曰：剛上而尚賢（集解引虞翻曰：「大壯初之上。」又引蜀才曰：「此本大壯卦，案剛自初升爲主於外，剛陽居上，尊尚賢也。」案：大壯▤四上兩爻上下往來，剛柔相變，則成大畜▤矣）；《咸・彖》曰：柔上而剛下（李鼎祚集解引虞翻曰：「坤三之上成女，乾上之三成男。」又引蜀才曰：「此本否卦。案：六三升上，上九降三，是柔上而剛下。」案：否▤卦三上兩爻上下往來，剛柔相變，則成咸▤卦矣）；《損・彖》曰：損下益上（李鼎祚集解引虞翻曰：「泰初之上，損下益上。」又引蜀才曰：「此本泰卦。案：坤之上六下處乾三，乾之九三，上升坤六，損下益上者也。」案：泰▤卦三上兩爻上下往來，剛柔相變，則成損▤矣），又曰：損剛益柔（虞翻曰：「二五已易成益。」）；《益・彖》曰：損上益下（李鼎祚集解引虞翻曰：「否上之初也，損上益下。」又引蜀才曰：「此本否卦。案：乾之九四下處坤初，坤之初六上升乾四，損上益下者也。」案：否▤卦初四兩爻上下往來，剛柔相變，則成益▤矣），又曰：自上下下（虞翻曰：「以乾照坤」）；《渙・彖》曰：剛來而不窮（李鼎祚集解引虞翻曰：「否四之二成坎巽。」又引盧氏曰：「此本否卦，乾之九四來居坤中，剛來成坎，水流而不窮也」），柔得位乎外而上同（盧氏

曰：「坤之六二上升乾四，柔得位乎外，上承貴王，與上同也。」案：否䷋卦二四兩爻上下往來，剛柔相變，則成渙䷺矣）；《節·彖》曰：剛柔分而剛得中（李鼎祚集解引虞翻曰：「泰三之五。」又引盧氏曰：「此本泰卦，分乾九三升坤五，分坤六五下處乾三，是剛柔分而剛得中也。」案：泰䷊卦三五兩爻，上下往來，剛柔相變，則成節䷻卦矣）。剛者，陽爻也；柔者，陰爻也。剛柔之爻，或謂之來（隨象曰剛來，賁象曰柔來，无妄象曰剛自外來之屬是），或謂之分（噬嗑象曰剛柔分動而明，節象曰剛柔分而剛得中之屬），或謂之上下（蠱象曰剛上而柔下，咸象曰柔上而剛下，損象曰損下益上，益象曰損上益下之屬）；此虞氏、蔡景君、伏曼容、蜀才、李之才（王偁東都事略：「之才，字挺之，青州人，舉進士，後為殿中丞僉書，澤州判官。初，華山陳摶讀易，以數學授穆修，修授之才，之才授邵雍。」朱震漢上易卦圖載李之才變卦及對圖八篇，六十四卦相生圖一篇，謂：「康節之子伯溫傳之於河陽陳四丈，陳傳之於挺之。」云）所謂自某卦來之說也。」案：旁通者，謂兩卦相比，爻體互異，此陽則彼陰，此陰則彼陽，兩兩相通，孔穎達所謂「變」（周易序卦孔氏正義云：「六十四卦，二二相耦，非覆即變。變者，反覆唯成一卦，則變以對之，乾䷀坤䷁，坎䷜離䷝，大過䷛頤䷚，中孚䷼小過䷽之類是也」）也。往來者，謂兩卦相比，爻體反轉，此初往為彼上，彼上來為此初，兩兩往來，孔穎達所謂「覆」（周易序卦孔氏正義云：「覆者，表裏視之，遂成兩卦，屯䷂蒙䷃，需䷄訟䷅，師䷆比䷇之類是也」。）也。以上引《漢上易叢說》所舉之例釋之：《乾》䷀《坤》䷁，《艮》䷳《兌》䷹，《坎》䷜《離》䷝，《震》䷲《巽》䷸，皆為互變；《訟》䷅《需》䷄，《隨》䷐《蠱》䷑，《噬嗑》䷔《賁》䷕，《无妄》䷘《大畜》䷙，《咸》䷟《恒》䷞，《損》䷨《益》䷩，《渙》䷺《節》䷻，悉是反覆，其理至簡，其事至易。而虞翻以消息卦變說之（虞氏以八卦皆自乾坤二卦出，六十四卦皆自復、臨、泰、大壯、夬、乾、姤、遯、否、觀、剝、坤十二消息卦出。如前述訟、无妄皆本遯：隨、噬嗑、咸、益、渙皆本否：蠱、賁、損、節皆本泰是也），遂至塗垀，自相枘鑿。故漢上雖宗虞氏，其《易傳》卷三釋《无妄·象辭》曰：「《无妄》、《大畜》之反，《大畜》上九之剛自外來為主於內。」亦不得不揚棄虞氏「遯上之初」之說而以反覆釋之，然則虞氏卦變之說之不能盡通，亦可見矣。而伏曼容猶信奉之，倘曼容務求鴻博，眾說兼收，故諄疵互見與！又《隋志》子部五行類有：「《周易集林》十二卷，京房撰。《七錄》（梁阮孝緒撰，今亡，唯其目猶存廣弘明集中）云：伏萬壽撰。」據《法苑珠林》（四部叢刊本）〈至誠篇〉（在卷三十六）引王琰《冥祥記》曰：「宋·伏萬壽，平昌人，元嘉十九（西元 442 年）在廣陵為衛府行參軍。」則萬壽與曼容同里同時而同宗，

家學淵源，其自一也。兩《唐志》子部五行類則以《周易集林》十二卷爲伏曼容撰。考《梁書》及《南史》本傳皆謂曼容「風角醫筭莫不閑了」（已見撰人條），則曼容《易》學兼涉五行，亦自有可能也。其書已亡，且屬子部，茲不詳論云。

第三節　佚　文

周易上經

䷑ 巽下
　　艮下　蠱。元亨

《集解》：蠱，惑亂也，萬事從惑而起，故以蠱為事也。

案：《尚書大傳》云：「乃命五史，以書五帝之蠱事。」然爲訓者，正以太古之時，无爲无事也。今言蠱者，是卦之惑亂也。時既漸澆，物情惑亂，故事業因之而起惑矣。故《左傳》云：「女惑男，風落山，謂之蠱。」是其義也（李鼎祚周易集解所引，馬國翰、黄奭皆輯之。自「案」字以下，初疑爲李氏案語，查李氏案語之上，例加○，或空一格以別之。經檢聚樂堂本、津逮秘書本、古經解彙函本、及孫星衍集解本所載，此「案」字皆與上文「事也」相連，當非李氏案語。馬氏玉函山房輯佚書以「案」下文字皆伏曼容解易之文；李道平周易集解纂疏亦標以「伏注」而疏之；陳壽祺尚書大傳輯校據李氏集解輯得此條，並云「伏曼容註」。茲從之）案：蠱字凡有二義。一曰：惑亂也。《左傳》昭公元年：「趙孟曰：『何謂蠱？』（秦醫和對）曰：『淫溺惑亂之所生也。』」許愼《說文解字》蠱篆下云：「蠱，腹中蟲也。《春秋傳》」（敍云：「其稱春秋，左氏。」此爲左氏昭公元年傳文）曰：『皿蟲爲蠱，晦淫之所生也（左傳昭公元年：「晦時淫則生内熱惑蠱之疾」）。』梟磔死之，鬼亦爲蠱。從蟲從皿；皿，物之用也（亦備物致用之意）」伏曼容引《左傳》昭公元年文，以今言蠱者。是卦之惑亂也，蓋本於《左傳》而同於許愼（愼於說文解字外，有五經異義。後漢書儒林傳云：「五經無雙許叔重」）也。二曰：以蠱爲事也。《易經・序卦》：「隨人者必有事（「隨人」上本有「以喜」二字，蓋字句有錯亂，依俞樾古書疑義舉例卷六說正之），故受之以蠱；蠱者，事也。」《九家易》亦云：「子行父事，備物致用而天下治也；備物致用，立成器以爲天下利，莫大於聖人。子脩聖道，行父之事，以臨天下，无爲而治也。」伏曼容引《尚

書大傳》，以太古之時，无爲无事，蓋本《序卦》而同於《九家易》也。

周易下經

䷺ 坎下
巽上 **渙**

初六，用拯馬壯吉。

《集解》：拯，濟也。（釋文引。馬國翰、黃奭皆輯之。）

案：《釋文》所錄拯義，凡有五說：一、拯救之拯，爲陸德明自釋；二、馬融云舉也；三、伏曼容云濟也；四、王肅云拔也（孔穎達正義謂「用馬以自拯拔而得壯吉也。」即用王肅之義也）；五、子夏（劉向別錄曰：「易傳，子夏韓嬰氏也」）作抍（續古逸叢書影印北宋本大徐《說文》：「抍，上舉也，從手，升聲。易曰：抍馬壯吉。」與子夏易傳同）其意皆相近也。朱熹《周易本義》：「居卦之初，渙之始也。始渙而拯之，爲力既易，又有壯馬，其吉可知，初六非有濟渙之才，但能順乎九二，故其象占如此。」即用伏曼容之義。

第二十一章　梁・褚仲都：《周易講疏》

第一節　撰　人

　　褚仲都，梁吳郡錢塘（今浙江杭縣）人，善《周易》，爲當時最。天監中，歷官五經博士。子修（兼通孝經、論語，見梁書及南史孝行傳）、同縣全緩（治周易老莊，時人言玄者咸推之，見陳書南史儒林傳），皆從受業焉。《隋志》載其所著，除《周易講疏》十六卷外（詳下），又有《論語義疏》十卷（兩唐志卷數同，唯書名作論語講疏。今皇侃論語義疏引其一節，歷城馬氏據輯爲一卷）。

第二節　考　證

　　《隋志》著錄《周易講疏》十六卷，注云：梁五經博士褚仲都撰；兩《唐志》亦均有褚仲都《周易講疏》十六卷。蓋唐時其書尚存也。孔穎達作《周易正義》，〈序〉稱：「江南義疏十有餘家，皆辭尚虛玄，義多浮誕。」故多不取；而於褚《疏》，所引獨多，都一十九條（王忠林君周易正義引書考嘗一一列舉，見臺灣師範大學國文研究所集刊第三號）。其中十四條皆引而從之；五條則引而不從（詳佚文）。其見重于孔氏如此，亦可見褚氏講《易》，必有傑出於江南諸家者也。及至趙宋，著錄始闕，殆已亡佚矣。輯其佚文者，計有二家：《玉函山房輯佚書》有《周易褚氏講疏》一卷，除自《正義》輯得十五條（漏四條）外，複自《釋文》輯得一條，共十六條。《黃氏逸書考》有《褚氏易注》一卷，除自《正義》輯得十六條（另附錄三條，皆申弼注者），自《釋文》輯得一條外，複自唐、史征（河

南人）《周易口訣義》、清、余蕭客（吳縣人）《古經解鉤沈》各輯得一條，共十九條。茲所輯者，自《正義》得十九條，自《口訣義》（岱南閣叢書本）得一條，自《釋文》得一條，凡二十一條；又余蕭客所輯一條，云得自影宋本疏，經檢宋監本《周易正義》及阮刻《十三經注疏》並無此條，未悉餘氏所據爲何版本，故暫作爲附錄雲。

考褚氏《易》學，不主一家；是其所是，非其所非，故其疏《易》，或本於弼，或同於弼，或同於鄭玄而異於王弼；複有與鄭玄、王弼皆同者，曁與鄭玄、王弼並異者。如釋《乾·文言》「知至至之」，曰：「一體之極是至者」云云；釋《恒·卦辭》「恒亨，无咎，利貞，利有攸往」，曰：「三事」云云：皆本王《注》而疏之。釋《大有·象辭》「應乎天而時行是以元亨」，釋《解》卦辭「无所往其來複吉；有攸往夙吉。」義亦同于王弼也。釋《乾》九二爻辭「見龍在田利見大人」，《正義》曰：「褚氏張氏同鄭康成之說，皆以爲九二利見九五之大人。」釋《蠱》卦辭「先甲三日後甲三日」，《正義》曰：「褚氏、何氏、周氏等並同鄭義，以爲甲者，造作新令之日。甲前三日，取改過自新，故用辛也；甲後三日，取丁寧之義，故用丁也。」皆用鄭玄《易注》而異于王弼也。若其釋小過，曰：「謂小人之行小有過差，君子爲過厚之行以矯之也，如晏子狐裘之此也。」晏子狐裘事見《禮記·檀弓》，鄭玄注：「時齊方奢，矯之是也。」爲褚《疏》所本。而褚氏以過爲過厚之過，與王《注》相過義復同。此褚《疏》義與鄭玄、王弼兩同者也。至於釋《復》卦辭「七日來複」，曰：「五月一陰生，至十一月一陽生，凡七月。而云七日不云月者，欲見陽長須速，故變月言日。」與鄭、王據孟喜卦氣，以剝盡至復時凡七日之說並異也。

大抵仲都講《易》，喜以人事喻之，而契於聖道。如其釋《坤》初六爻辭「履霜堅冰至」，曰：「防漸慮微，愼終於始。」釋《升》卦辭「元亨」，曰：「日思善道，進而不已。」釋《巽》卦辭「小亨」，曰：「柔皆順剛，非大通之道。」皆能由卦爻之象而悟人事之宜，深獲聖人闡《易》之旨。於消息卦氣之說，一概不采：故其釋《臨》卦辭「至於八月」，不用十二消息卦之說，直以一月（建寅）至八月（建酉）爲八月。釋《復》卦辭「七日來複」，盡掃六日七分卦氣之說，以至不惜與鄭、王立異。義至精粹，較鄭、王爲尤醇。至其釋「順」爲「心不違」，「巽」爲「外迹相卑下」，強爲分別；音《遯》卦初六象辭「不往何災」之何爲「河可反」，標音亦非。然微瑕小疵，焉足以病其大體哉。

第三節　佚　文

周易上經

 乾下
乾上　**乾**

九二，見龍在田，利見大人。

《講疏》：九二利見九五之大人。（孔穎達周易正義：「褚氏，張氏同鄭康成之說，皆以爲九二利見九五之大人。」馬國翰、黃奭輯同。）

案：王弼《注》以九二「居中不偏，雖非君位，君之德也。」九五「以至德而處盛位，萬物之睹，不亦宜乎！」其餘四爻，「初則不彰，三則乾乾，四則或躍，上則過亢」，故「利見大人，唯二五焉。」孔氏《正義》疏之云：「二之與五，俱是大人，爲天下所利見也。」鄭玄則以九二所利見者，爲九五之大人；非九二爲天下所利見。褚仲都、張譏，並同鄭說，而與王異。其後伊川《易傳》，朱熹《本義》，調和鄭、王之說。《易傳》九二下云：「以聖人言之，舜之田漁時也（謂九二），利見大德之君（九五也），以利其道。」此用鄭氏「九二利見九五之大人」義也。又云：「君（謂九五。）亦利見大德之臣（九二也），以共成其功。」此由鄭義逆推而得，謂九五亦利見九二之大人也。又云：「天下利見大德之人，以被其澤。」此即孔《疏》「大人爲天下所利見」之意，義本王弼「萬物之睹不亦宜乎」之注也。《本義》九二下云：「九二雖未得位，而大人之德已著，常人不足以當之。故值此爻之變者，但爲利見此人（謂九二）而已，蓋亦謂在下之大人也。」此王、孔之說也。又云：「若有見龍之德，則爲利見九五在上之大人矣。」此鄭、褚、張之說也。又劉向歆父子以「飛龍在天，大人聚（今作造）也。」爲「賢人在上位，則引其類而聚之於朝。」之意（詳王肅易注）。則劉向歆意「九二見龍在田」所利見之「大人」必爲九五在上位之賢人；「九五飛龍在天」所利見之「大人」必爲在九二賢人其類。鄭玄、褚仲都、張譏「利見大人」之說，又淵源于劉向歆也。

彖曰

《講疏》：彖，斷也；斷定一卦之義，所以名爲彖也。（正義引褚氏、莊氏，此條馬國翰、黃奭並輯之。）

案：鄭玄云：「彖者，斷也。」（見易緯乾鑿度鄭玄注）。劉瓛引申之，曰：「彖者，斷也；斷一卦之才也。」（集解引）。褚氏此疏，本於鄭劉，同於莊氏。孔氏作疏，引褚之說，謂「義或然」，是用之矣。詳見劉瓛《周易乾坤義疏》佚文。

文言

九三曰

知至至之，可與言幾也；知終終之，可與存義也。

王弼《注》：「處一體之極，是至也；居一卦之盡，是終也。處事之至而不犯咎，知至者也，故可與成務矣；處終而能全其終，知終者也。夫進物之速者，義不若利；存物之終者，利不及義。故靡不有初，鮮克有終。夫可與存義者，其惟知終者乎？」

《講疏》：一體之極是至者，是下卦已極，將至上卦之下，至謂至上卦也。（正義引褚氏雲，此條馬國翰輯之，而黃奭以其申王弼義，故輯爲附錄云。）

案：褚氏《講疏》非僅疏《易》，兼疏王《注》者也。考九三居下卦之極，至矣終矣。王弼《易注》，曰：「處一體之極是至」，曰：「處事之至」，至字皆爲終極之名，非是動詞。故褚云「是下卦已極」，說與《注》合。然《文言》九三下文又云：「是故居上位（九三爲下卦之上）而不驕；在下位（九三在上卦之下）而不憂。」王《注》：「居下體之上；在上體之下。明夫終敝，故不驕也；知夫至至，故不憂也。」「至至」之意，非謂已至於至極，當謂至上卦之時機將至，故《易》云「不憂」也。翟玄（馬國翰輯其易義，謂疑是魏晉間人）亦曰：「知五可至而至之。（集解引）」褚氏云：「至謂至上卦也。」是釋「至之」義，本于翟玄、王弼者也。孔氏《正義》，引褚《疏》而從之。

文言

潛之爲言也，隱而未見，行而未成，是以君子弗用也。

亢之爲言也，知進而不知退；知存而不知亡；知得而不知喪。

《講疏》：初上居无位之地，故稱言也；其餘四爻是有位，故不云言。（正義引。黃奭輯。馬國翰未輯。）

案：「之爲言」者，謂其字所言之意也，乃釋「潛」字「亢」字，非關爻位。故先儒皆不以爻位釋之。褚氏之疏，乃想當然耳；孔氏引之，謂「義或然」，並非。

䷁ 坤下
坤上 **坤**

初六，履霜堅冰至。

象曰：履霜堅冰，陰始凝也；馴致其道，至堅冰也。

《講疏》：履霜者，從初六至六三；堅冰者，從六四至上六。陰陽之氣无為，故積馴履霜，必至於堅冰。以明人事有為，不可不制其節度，故於履霜而逆以堅冰為戒，所以防漸慮微，慎終于始也。（正義引。馬國翰、黃奭並輯之。）

案：坤六爻純陰，褚氏以初二三為履霜，四五上為堅冰，此由爻卦之象而推天地陰陽之象也；又因是知防漸慮微，慎終于始，此由天地陰陽之象而悟人事之宜也。此點實為中國人思想之最特別處。蓋西方人視宇宙萬象乃至人身器官為客體，循是而觀察、剖析、研究之，乃發展為天文、物理、醫藥等科學；而「不能由不是倫理界的事實中來吸取倫理的教訓。」（英劍橋大學教授莫爾著《倫理原理》（Principia Ethica）書中語，譯文據陳之藩「羅素與服爾泰」一文引）中國人則以天命為主體，視人性乃天命之下貫（中庸：「天命之謂性」），於是要求由「盡性」以至「參天地之化育」（皆本中庸），而發展為道德倫理為中心之哲學思想。《易・乾・象》曰：「天行健，君子以自強不息。」《易・坤・象》曰：「地勢坤，君子以厚德載物。」皆此種思想特質之表現。褚氏由履霜堅冰而知防漸慮微，慎終于始，深獲《易》旨。

䷂ 震下
坎上 **屯，元亨利貞**

象曰：

雷雨之動滿盈。

《講疏》：釋亨也；萬物盈滿則亨通也。（正義引周氏褚氏。黃奭輯同。此條馬國翰所輯下更有「皆剛柔始交之所為者，雷雨之動，亦陰陽始交也，萬物盈滿亦陰陽而致之，故云皆剛柔始交之所為也。」乃正義語，茲不輯入。）

案：屯者，艸木萌芽，屈曲上出之象，若得雷雨之動，則勃然興，盈滿而亨通矣。周弘正說同。請參閱，茲不贅。（二家說同，本論文例於時代前者詳言之，而後者從略。本條所以前略後詳，不依此例者，以正義引周弘正言較多，且附

褚於周後，故本論文於此條亦以周爲主，而略述數語於此也。）

䷃ 坎下
艮上 蒙

六五

象曰：童蒙之吉，順以巽也。

《講疏》：順者，心不違也；巽者，外迹相卑下也。（正義引褚氏。馬國翰、黃奭所輯同。）

案：《正義》曰：「順謂心順，巽爲貌順，故褚氏云……。」是孔氏取褚說以證成其義。然考《廣雅・釋詁》：「巽，順也。」王念孫《疏證》（皇清經解本。）云：「巽順聲亦相近。《說文》：『愻，順也。』引《唐書》（尚書堯典。）：『五品不愻』，今本作遜字，或作孫，又作巽：並同。」是巽（蘇困切。）順（食閏切。）聲近（巽王氏古韻在十文，順王氏古韻在十一文，故云聲近。）義同，非有區別，是以伊川《易傳》曰：「舍己從人，順從也；降志下求，卑巽也。」義異褚、孔。

䷇ 坤下
坎上 比

九五，顯比，王用三驅，失前禽；邑人不誡，吉。

象曰：顯比之吉，位正中也；舍逆取順，失前禽也；邑人不誡，上使中也。

《講疏》：王用三驅，三面著人驅禽。（正義云：「褚氏諸儒皆以爲」，黃奭輯同。馬國翰所輯下更有：「必知三面者，禽唯有背己，向己、趣己，故左右及於後皆有驅之，愛於來而惡於去。來則舍之，是愛於來也；去則射之，是惡於去也。故其所施，常失前禽者，言獨比所應，則所比爲失，如三驅所施，愛來憎去，則失在前禽也。」）

案：《左傳》桓四年《正義》：「《易》比卦九五：『王用三驅，失前禽。』鄭玄云：『王者習兵於蒐狩（周禮秋官士師疏引此句作「王因天下顯習兵于蒐狩焉」），驅禽而射之，三則已，法（士師疏作發）軍禮也（士師疏無也字）失前禽者，謂禽在前來者，不逆而射之（士師疏無之），旁去又不射，唯背（士師疏作其）走者順而射之，不中則（士師疏作亦）已，是其所以失之（士師疏此句作「是

皆所失」)。用兵之法亦如之：降者不殺，奔者不禦（士師疏作禁），皆爲敵不
敵己（士師疏此句作「背敵不殺」），加（士師疏無加）以仁恩養威之道。』」
則鄭意「三驅」爲「驅禽而射之三則已」也。王弼《周易注》：「夫三驅之禮，
禽逆來趣己則舍之（本于鄭注「禽在前來者不逆而射之」），背己而走則射之
（本于鄭注「背走者順而射之」），愛于來而惡於去也，故其所施，常失前禽
也。」雖略「三則已」之文，餘仍依鄭義。孔氏《正義》引褚氏諸儒「三面
著人驅禽」而不從「先儒皆云三度驅禽而射之」之說，乃與鄭玄立異。其後
伊川《易傳》云：「合其三面，前開一路。」朱熹《周易本義》云：「天子不
合圍（禮王制篇語），開一面之網。」皆用褚義。

䷍ 乾下
　　離上 **大有，元亨**

彖曰：大有，柔得尊位，大中，而上下應之，曰大有；其德剛健而文
明，應乎天而時行，是以元亨。

《講疏》：六五應乾九二（宋本作「六五應九二」），亦與乾為體（宋本作「九
二在乾體」），故云「應乎天」也。德應於天，則行不失時，與時無違（宋
本作「以時而行」），雖萬物皆得亨通（宋本作「則萬物大得亨通」），故曰「是
以元亨」（正義引褚氏莊氏。馬氏輯同。黃輯依宋本，於義尤勝。）。

案：褚氏《講疏》蓋釋《彖辭》「應乎天而時行是以元亨」者也。考大有乾下離上，
　　乾剛健（乾文言曰：「大哉乾乎，剛健中正」）而離文明（離爲火爲日爲電，
　　故有文明之象焉），六五以陰柔得尊，與幹九二相應，而乾又爲天，褚即據此
　　而疏「應乎天」之義，殆本上文依爻位而講說其義也。又王弼《周易注》云：
　　「德應於天，則行不失時矣。剛健不滯，文明不犯，應天則大，時行无違，
　　是以元亨。」褚之疏「是以元亨」，曰：「德應於天，則行不失時；以時而行，
　　雖萬物皆得亨通。」則全本弼《注》也。其後莊氏《易》義，並同褚氏；孔
　　作《正義》，引以證王；來龍去脈，亦可知矣。

䷑ 巽下
　　艮上 **蠱，元亨，利涉大川，先甲三日，後甲三日**

《講疏》：甲者，造作新令之日，甲前三日，取改過自新，故用辛也；
甲後三日，取丁寧之義，故用丁也。（正義引「褚氏何氏周氏並同鄭義」如
此。此條馬氏未輯，黃氏輯之。又正義序引鄭氏之說云：「甲者，宣令之日，先之

三日，而用辛也，欲取改新之義；後之三日，而用丁也，取其丁寧之義。」）

案：鄭義本于《子夏傳》：「先甲三日者，辛壬癸也；後甲三日者，乙丙丁也。」
（集解引）。褚（仲都）、何（妥）、周（弘正）氏，悉同鄭義。王弼以「甲
者創制之令也」，與鄭義異；孔尊王說，以鄭義為異端（見正義）。然朱熹《周
易本義》仍以「甲，日之始，事之端也。」舍王用鄭，則鄭義固有可取之處，
褚氏同鄭，亦不為非也。又巽九五爻辭：「先庚三日，後庚三日。」朱熹《本
義》：「庚，更也，事之變也。先庚三日，丁也；後庚三日，癸也。丁，所以
丁寧於其變之前；癸，所以揆度於其變之後。」與王弼「甲庚皆申命之謂（周
易注）」說異。疑朱子「先庚後庚」之說亦本於鄭、褚、何、周，附識於此。

**蠱，彖曰：蠱，剛上而柔下，巽而止蠱，蠱，元亨而天下治也，利涉
大川，往有事也。**

王弼《注》：上剛可以斷制，下柔可以施令。既巽又止，不競爭也。
有事而無競爭之患，故可以有為也。

《講疏》：蠱者，惑也。物既惑亂，終致損壞，當須有事也。有為，治
理也，故《序卦》云：「蠱者，事也。」謂物蠱必有事，非謂訓蠱為事。

（正義引褚氏云：馬氏輯之，黃氏以申王弼義，故以為附錄。）

案：蠱凡二義：《左傳》昭元年以蠱為「淫溺惑亂之所生」，許慎《說文解字》之
解蠱字，即據《左傳》；《易‧序卦》：「蠱者，事也。」《九家易》釋蠱為事，
即本《序卦》。伏曼容解蠱，兼采二說（並詳伏曼容節）。褚氏以蠱者惑也，
謂《序卦》「蠱者事也」乃「謂物蠱必有事，非謂訓蠱為事。」調和二說，義
亦與伏曼容近。《正義》引褚疏而謂「義當然也」，是采其說矣。

兌下
坤上
臨，元亨利貞，至於八月，有凶

《講疏》：自建寅至建酉為八月；八月，觀也。（正義引首句，馬、黃輯同。
丙子學易編輯下句。馬、黃未輯。）

案：八月之說，大別有三：《集解》引鄭玄曰：「《臨》卦斗建醜而用事，殷之正
月也。當文王之時，紂為无道，故於是卦為殷家著興衰之戒，以見周改殷正
之數云。《臨》自周二月用事，訖其七月，至八月而《遯》卦受之，此終而
複始，王命然矣。」又引虞翻曰：「與《遯》（通遯字）旁通，《臨》消於《遯》，

六月卦也，於周爲八月，《遯》弑君父，故至于八月有凶。」是鄭虞二氏，俱以《遯》於周爲八月建未。《正義》引何氏（妥）曰：「從建子（周之正月）陽生（《說文》：「子，十一月陽氣動萬物滋」）至建未（周之八月，遯也）爲八月。」亦主八月爲建未之月。此一說也。王弼《周易注》：「八月陽衰而陰長。小人道長，君子道消也，故曰有凶。」考「小人道長君子道消」爲《否》卦《彖》辭，孔穎達據此，乃謂弼意「宜據《否》卦之時，故以《臨》卦建丑，而至《否》卦建申爲八月也。」《集解》載李鼎祚案語亦謂：「《臨》，十二月卦也。自建丑之月，至建申之月，凡歷八月，則成《否》也。《否》則天地不交，萬物不通，是至于八月有凶，斯之謂也。」此二說也。《集解》載虞翻引荀公（爽）「以《兌》爲八月（此孟喜卦氣之說。新唐書曆志一行卦議引孟氏章句曰：「坎離震兌，二十四氣，次主一爻。」又常氣、月中節、四正卦對照表云：「秋分，八月中，兌初九」），《兌》於周爲十月（建酉之月）」《正義》引褚氏云：「自建寅至建酉爲八月。」此三說也。綜上三說，知《臨》卦所謂八月者，鄭玄、虞翻、何妥皆以爲建未之月；王弼、孔穎達、李鼎祚皆以爲建申之月；荀爽、褚仲都皆以爲建酉之月。此就其結論而粗分之也。若細按其觀點，則荀爽之說，祖於孟喜卦氣。鄭玄、虞翻並以《遯》當周之八月；王弼、孔穎達並以《否》爲八月；並從十二消息卦之說：實與卦氣同祖孟喜，而屬象數也。唯何妥以十二地支爲序，謂建子至建未爲八月；褚氏以夏曆爲序，謂夏正月至八月爲八月。始盡掃象數，自創新解。茲附四正卦與常氣對照表，十二消息卦與十二月次對照表二種於下，俾便參考。

一、四正卦與二十四常氣對照表：

坎：初六冬至；九二小寒；六三大寒；六四立春；九五雨水；上六驚蟄。

震：初九春分；六二清明；六三穀雨；九四立夏；六五小滿；上六芒種。

離：初九夏至；六二小暑；九三大暑；九四立秋；六五處暑；上九白露。

兌：初九秋分；九二寒露；六三霜降；九四立冬；九五小雪；上六大雪。

二、十二消息卦與十二月次對照表：

	復	子	十一月	冬	周之正月
	臨	丑	十二月	冬	殷之正月

卦	辰	月	季	
䷊ 泰	寅	正月	春	夏之正月
䷡ 大壯	卯	二月	春	
䷪ 夬	辰	三月	春	
䷀ 乾	巳	四月	夏	
䷫ 姤	午	五月	夏	
䷠ 遯	未	六月	夏	
䷋ 否	申	七月	秋	
䷓ 觀	酉	八月	秋	
䷖ 剝	戌	九月	秋	
䷁ 坤	亥	十月	冬	

䷗ 震下
坤上 **復，亨，出入无疾，朋來无咎，反復其道，七日來復，利有攸往。**

《講疏》：五月一陰生，至十一月一陽生，凡七月。而云七日不云月者，欲見陽長須速，故變月言日。（正義引諸氏莊氏。馬氏黃氏所輯同。又序云：「江南義疏，十月餘家……，並解云：七日當爲七月，謂陽氣從五月建午而消，至十一月建子始復，所歷七辰，故云七月。」）

案：「七日來復」之「日」，當爲「日」耶？或爲「月」耶？爲《周易》聚訟焦點之一。魏晉之前，皆以「日」爲釋；至南朝始有當爲七月之說。茲先略述二

說之大較於下。云「七日」者，其說本於《易緯‧稽覽圖》：「《坎》《震》《離》《兌》，已上四卦者，四正卦爲四象；每歲十二月，每月五月（當作卦）：卦六日七分，每期三百六十六（當作五）日每四分（謂四分之一）。」又引《是類謀》（朱震漢上易卦圖亦引之，今易緯是類謀脫此）云：「四正之卦（坎震離兌），卦有六爻，爻主一氣。餘六十卦，卦主六日七分，八十分日之七。正歲三百六十五日四分日之一。」鄭玄據之，其《易注》釋「七日來復」，曰：「建戌之月（於卦爲剝），以陽氣既盡（剝☶，坤下艮上，五爻皆陰，爲上爲陽，象陽氣將盡）。建亥之月（於卦爲坤），純陰用事（坤☷六爻全爲陰）。至建子之月（於卦爲復），陽氣始生（復☳，震下坤上，象陽氣下生）。隔此純陰一卦，卦主六日七分。舉其成數言之，而云七日來復。」（正義序引）。王弼注《易》，於此即襲用鄭意，《注》云：「陽氣始剝盡至來復，時凡七日。」孔作《正義》，因申之云：「《離》《坎》《震》《兌》，各主其一方，其餘六十卦，卦有六爻，爻別主一日。凡主三百六十日，餘有五日四分日之一者，每日分爲八十分，五日分爲四百分，四分日之一又爲二十分，是四百二十分」六十卦分之，六七四十二，卦別各得七分，是每卦得六日七分也。《剝》卦陽氣之盡，在於九月之末（詳附表），十月當純《坤》用事，《坤》卦有六日七分，《坤》卦之盡，則《復》卦陽來，是從《剝》盡至陽氣來《復》，隔《坤》之一卦六日七分，舉成數言之，故輔嗣言凡七日也。」是鄭玄、王弼、孔穎達皆依《易緯》六日七分之說，以爲舉成數而言七日也。又李鼎祚所言稍異於鄭王孔氏，《集解》先引《易軌》（今佚未詳）曰：「一歲十二月三百六十五日四分日之一。以《坎》《震》《離》《兌》四方正卦，卦別六爻，爻生一氣。其餘六十卦三百六十爻，爻主一日，當用天之餘。餘五日四分日之一以通閏餘者也。」復自釋之云：「《剝》卦陽氣盡于九月之終，至十月末純《坤》用事，《坤》卦將盡，則《復》陽來。隔《坤》之一卦，六爻爲六日；復來成《震》，一陽爻生，爲七日。故言反復其道，七日來復。是其義也。」是李鼎祚以卦主六日，加《復》之初爻一日，爲七日。其言卦主六日雖與鄭等六日七分說異，要其以「七日來復」之「日」爲「日」，則同鄭等。以上爲主日之說也。孔穎達《周易正義‧序》云：「江南義疏，十有餘家，皆辭尚虛玄，義多浮誕。……若《復》卦云：『七日來《復》。』並解云：『七日當爲七月。』謂陽氣從五月建午而消，至十一月建子始復，所歷七辰，故雲七月。」則江南義疏十餘家者，皆用「七月」之說。《正義》於《復》卦下引褚氏莊氏，即此江南義疏十有餘家之代表人物。又《集解》引侯果曰：「五月天行至午，陽復而陰升也；十一月天行至

子，陰復而陽升也。天地運往，陰陽升復，凡歷七月，故曰七日來復。此天之運行也。《豳詩》（七月篇）曰：『一之日觱發，二之日栗烈。』一之日，周之正月也；二之日，周之二月也（鄭箋：一之日，周正月也；二之日，殷正月也）。則古人呼月爲日明矣。」亦主七日爲七月，而所言尤詳而有徵。謹考：《漢書·儒林傳》言孟喜得「《易》家候陰陽災變書」，自後言曆法者多以《易》家陰陽說比附之。或以曆法本於《易》道，如《漢書·律曆志》（清人避高宗弘曆諱，凡律曆字皆改作歷，茲據南監本作曆）云：「經元一以統始，《易》太極之首也；春秋二以目歲，《易》兩儀之中心也；於春每月書王，《易》三極之統也；於四時雖亡事必書時月，《易》四象之節也；時月以建分至啓閉之分，《易》八卦之位也。」是以曆法本於《易》道也。或以卦爻釋常氣月日，如《魏書·律曆志》載《正光術》有「推四正卦」「求次卦」（詳附表）之法，此以《易》卦說月日也；《新唐書·曆志》載六十卦配七十二圖，此以《易》卦說常氣也。觀乎此，可知西漢以後固有以《易》附曆之說。是以鄭玄、王弼、孔穎達、李鼎祚以「七日來復」乃隔《坤》卦六、七日，於曆法實非無據。第以《易》卦配合曆法，依鄭王孔六日七分說，則七分不得當一日；依李鼎祚五日四分日之一歸閏說，則陰曆一年亦非三百六十日；無論如何配合，皆不能周密自圓。是以南朝說《易》者，另創新說，以爲當是「七月」。而天地之間，陰往陽來，七月一反覆，就事實而言，亦較七日之說爲善。褚氏講疏，誠具卓識者也。附六十卦值月表，摘自《魏書·律曆志》，以供參考。

十一月：未濟、蹇、頤、中孚、複。

十二月：屯、謙、睽、升、臨。

正　月：小過、蒙、益、漸、泰。

二　月：需、隨、晉、解、大壯。

三　月：豫、訟、蠱、革、夬。

四　月：旅、師、比、小畜、乾。

五　月：大有、家人、井、咸、姤。

六　月：鼎、豐、渙、履、遯。

七　月：恒、節、同人、損、否。

八　月：巽、萃、大畜、賁、觀。

九　月：歸妹、无妄、明夷、困、剝。

十　月：艮、既濟、噬嗑、大過、坤。

☰☶ 乾下
艮上　**大畜**

六五，豶豕之牙，吉。

《講疏》：豶，除也，除其牙也。（正義引。馬氏黃氏所輯同。）

案：《說文》豕部：「豶，羠豕也。」段玉裁注：「羠，騬羊也；騬，犗馬也；犗，騬牛也：皆去勢也。或謂之劇，亦謂之犍，許書無此二字。《周易》大畜六五：『豶豕之牙。』虞翻曰：『劇豕稱豶。』今俗本劇譌作劇（李鼎祚集解引虞翻曰果譌作劇）。」是豶之本義爲去勢之豕。故劉表《周易章句》：「豕去勢曰豶。（見陸氏《釋文》所引）」其後陸希聲《易傳》云：「豶，謂豕之去勢者（撮要引）。」劉牧《新註周易》云：「豕去勢則牙不能長（撮要引）。」伊川《易傳》亦云：「豶去其勢，則牙雖存而剛躁自止也。」皆從許慎說解。王弼《易注》以「柔能制健，禁暴制盛」釋「豶其牙」，褚氏《講疏》云：「除其牙也。」則由「去勢」之義引申而得。孔穎達《正義》：「能豶其牙者，觀《注》意則豶是禁制損去之名。褚氏云：『豶，除也。』然豶之爲除，《爾雅》无訓。」案：「《爾雅》云：『豶（王忠林君周易正義引書考云：「字當作墳。」檢爾雅釋邱：「墳、大防。」王作墳字。正義下文云：「雖豕旁土邊之異。」是孔氏引本亦作墳。王君之說是也），大防。』是豶爲隄防之義。此豶其牙，謂防止其牙，古字假借，雖豕旁土邊之異，其義亦通。豶其牙，謂止其牙也。」所謂豶墳古字假借（皆從賁聲，故得假借）而訓豶爲防止，則誠可矣；然褚《疏》「除去」，即孔《疏》「損去」之意；且褚《疏》義本《說文》，不得以「《爾雅》无訓」而斥其非也。又案孔氏此《疏》前後矛盾。劉毓崧《周易舊疏考正》謂「必非一人之筆」云云。

周易下經

☴☳ 巽下
震上　**恆、亨，无咎，利貞，利有攸往。**

王弼《注》：恆而亨，以濟三事也。恆之爲道，亨乃无咎也；恆通无咎，乃利正也。各得所恆，修其常道，終則有始，往而无違，故利有攸往也。

《講疏》：三事：謂无咎；利貞；利有攸往。（正義引褚氏云。馬氏輯同，黃氏以其申弼義，作爲附錄。）

案：王云三事，未明白指陳，《正義》引褚氏說外，復引莊氏云：「三事者：无咎，一也；利，二也；貞，三也。」引周氏云：「三事者：一、亨也；二、无咎也；三、利貞也。」而論之曰：「竊謂注云恆而亨以濟三事者，明用此恆亨濟彼三事，无疑亨字在三事之中（阮元校勘記引浦鏜云：中當作外。）而比注云：恆之爲道，亨乃无咎，恆通无咎，乃利正（正當作貞，宋仁宗諱楨，故宋刻凡貞字皆缺末筆或改作正。子夏傳：「貞，正也。」疑此亦以諱改。）也。又注象曰：道得所久則常通，无咎而利正也。此解皆以利正相將爲一事；分而爲二，恐非注旨。驗此注云：恆之爲道，亨乃無咎；此以恆亨濟无咎也。又云：恆通无咎，乃利正也；此以恆亨濟利貞也。下注利有攸往，云各得所恆，修其常道，終則有始，往而無違，故利有攸往，此以恆亨濟利有攸往也。觀文驗《注》、褚氏爲長。」是孔氏從褚說也。

象曰：恆、久也，剛上而柔下，雷風相與。

《講疏》：雷資風而益遠；風假雷而增威。（正義引褚氏云。馬氏黃氏所輯同。）

案：恆、巽下震上，巽爲風，震爲雷，故云如此，《正義》引其說而以爲是也。馬國翰云：「頗與子夏《傳》：『地得水而柔；水得地而流。』（蓋釋「比吉」見集解引。）辭義相近，抗志遠晞，蓋亦鐵中之錚錚者已。」（見玉函山房輯佚書，周易褚氏講疏輯本序。）

艮下
乾上　遯

初六

象曰：遯尾之厲，不往何災也。

《講疏》：何，河可反。（釋文引「褚」，謂「今不用」云。馬氏黃氏輯同。

案：廣韻何字有二音：一、胡歌切，音河；辭也，又姓。二、胡可切；通荷，負荷也。大義佚文大畜何天之衢，何音賀條，已詳梁武帝《周易》。考「何災」一詞，謂何災害之有，何，辭也，當音河，孔氏《正義》云：「何災者，猶言无災也，與何傷何咎之義同也。」是。而褚讀何爲河可反，則以與荷字通、非也。

坎下
震上　解，利西南，无所往，其來復吉；有攸往，夙吉。

王弼《注》：西南，眾也，解難濟險，利施於眾也。亦不困于東北，故不言不利東北（解與蹇相綜，蹇卦辭云：「利西南不利東北」）也。未有善於解難而迷於處安也。解之為義，解難而濟厄者也。无難可往以解，來復則不失中；有難而往，則以速為吉者。无難則能復中；有難則能濟其厄也。

《講疏》：世有无事（攝要引事下有而字）求功，故誡以无難宜（攝要引宜作求）靜；亦有待（攝要引待作大）敗乃救，故誡（誡當作誠，阮刻作誡，誤也。攝要引正作誠）以有難須速也。（正義引褚氏云：馬氏未輯，黃氏誤以為經之疏。）

案：褚《疏》略依王《注》，而純以人事釋之。《正義》引之，以補王《注》之不足，以彰王《注》之未明。

　　　　巽下
　　　　坤上　升，元亨。

《講疏》：猶人日思善道，進而不已，其德日新，故能亨也。（唐，史徵周易口訣義引褚氏云。馬氏未輯，黃氏輯之。）

案：褚《疏》採《升》卦《象辭》：「地中生木，升；君子以順德，積小以高大。」及《湯盤》：「苟日新，日日新，又日新。」之義，而略其卦象。

　　　　巽下
　　　　巽上　巽，小亨，利有攸往，利見大人。

彖曰：柔能順乎剛，是以小亨，利有攸往，利見大人。

《講疏》：夫獻可替否，其道乃弘；柔皆順剛，非大通之道。所以文王係小亨之辭，孔子致皆順之釋。（正義引褚氏云，馬氏未輯，黃氏輯之。）

案：儒者之道，貴能擇善而從，《論語・子路篇》：「如有善而莫之違也，不亦善乎？如不善而莫之違也，不幾乎一言而喪邦乎？」故孔子於眾，或從或違。〈子罕篇〉曰：「麻冕、禮也，今也純，儉，吾從眾；拜下，禮也，今拜乎上，泰也，雖違眾，吾從下。」尤不欲人皆順己。〈先進篇〉：「回也，非助我者也，於吾言無所不悅。」是以其於言行也，主闕疑闕殆；其於用人也，主舉直錯枉（皆是論語為政）。而斥鄉原為德之賊（見孟子盡心引孔子語）。褚氏說巽小亨，盡棄陰陽卦變之說（陸績曰：「陰為卦主，故小亨。」虞翻曰：「遁二之四，

柔得位而順五剛，故小亨也。」皆是集解引）純以人事明之，所言「獻可替否，其道乃弘；柔皆順剛，非大通之道。」實獲聖人之微旨。至於褚氏以卦辭係文王作，《象辭》係孔子作。《象辭》作者，已詳梁武帝《周易大義》佚文「文言是文王所制」條下，不贅。卦辭作者，馬融、鄭玄、陸績等，並以為文王作（鄭玄以卦辭爻辭皆文王作，馬融、陸績以卦辭爲文王作，爻辭爲周公作，是爲異耳。並見孔穎達周易正義序：論卦辭爻辭誰作）。屈翼鵬先生以甲骨刻辭比勘易卦爻畫，頗多相似；而易卦與卦爻辭，爲同時之產物；故斷定卦爻辭之著成，當在周初（見書傭論學集易卦源於龜卜考）又就器用及習語覘之，以爲卦爻辭之著成，不得遲至東周；復就《晉》卦卦辭稱康侯而不稱衛侯，隨上六爻辭「王用亨于西山」之王不稱廟號，益六四爻辭「利用爲依（殷）遷國」爲封武庚或微子諸事，以證卦爻辭當作於武王未歿之時（見書傭論學集周易卦爻辭成於周武王時考）。綜上所述，卦辭即使非文王作，然作於西周初年，則無疑義也。

艮下 震上 小過

《講疏》： 謂小人之行，小有過差，君子為過厚之行以矯之也，如晏子狐裘之比也。（正義引褚氏云。馬氏黃氏輯同。）

案：《周易·序卦》：「頤者養也，不養則不可動，故受之以大過。」下《正義》引鄭玄曰：「以養賢者，宜過於厚。」是鄭以過爲過厚。又《大過》下王弼注云：「音相過之過。」是王以過爲相過越。褚氏過厚之疏，義本鄭玄與弼注近。晏子狐裘，事見於《禮記·檀弓下》：「曾子曰：晏子可謂知禮也已，恭敬而有焉。有若曰：晏子一狐裘三十年；遣車一乘，及墓而反。國君七个，遣車七乘；大夫五个，遣車五乘。晏子爲知禮，曾子曰：國無道，君子恥盈禮焉。國奢則示之以儉，國儉則示之以禮。」鄭玄注：「時齊方奢，矯之是也。」褚之疏《易》，引晏子狐裘故事，亦依《禮記》鄭注之義。孔氏引褚氏，蓋韙其說也。

第四節 附 錄

需

利涉大川

大川，大難也；能以信而待，故可利涉。（余蕭客古經解鉤沉引褚疏，下注
云：「影宋本疏二。」黃氏逸書考輯同。）

案：李鼎祚《集解》引何妥曰：「大川者，大難也；須之待時，本欲涉難，既能以
　　信而待，故可利涉大川矣。」褚《疏》文字幾與全同，未悉余蕭客輯誤，抑
　　二家果雷同也。宋監本《周易正義》未引褚氏此疏。

第二十二章　陳・周弘正：《周易講疏》

第一節　撰　人

　　周弘正（生於齊明帝建武三年，西元 496 年。清人避高宗弘曆諱，改弘字爲宏，故作周宏正），字思行，汝南安城（今河南汝南縣東南）人。晉光祿大夫顗（字伯仁，晉書六十九有傳）之九世孫也。祖顒（字彥倫，始著四聲切韻，又有周易論三十卷，南齊書卷四十二，南史卷三十四有傳），齊中書侍郎，領著作。父寶始，梁司徒祭酒。弘正幼孤，及弟弘讓（南史卷三十四有傳）、弘直（字思方，有文集二十卷，陳書卷二十四，南史卷三十四有傳），俱爲叔父侍中護軍捨（字升逸，有文集二十卷，梁書卷二十五，南史卷三十四有捨傳）所養。年十歲，通《老子》、《周易》。捨每與談論，輒異之。河東裴子野（松之曾孫，駰孫。著宋略二十卷，衆僧傳二十卷，集注喪服二卷，續裴氏家傳二卷，百官九品二卷，方國使圖二卷。文集二十卷，梁書卷三十，南史卷三十三有傳。）深相賞納，請以女妻之。十五召補子生，仍於國學講《周易》，諸生傳習其義。以季春入學，孟冬應舉。學司以其日淺，弗之許焉。博士到洽（梁書卷二十七，南史卷二十五有傳。）議曰：「周郎年未弱冠，便自講一經，雖曰諸生，實堪師表，無俟策試。」起家梁太學博士。累遷國子博士，學中有宋元兇（劉劭也。宋文帝劉義隆之太子，弒父自立，旋爲帝劉駿〔宋孝武帝〕所殺。宋書卷九十九，南史卷十四有傳）講〈孝經碑〉，歷代不改，弘正始到官，即表刊除。時於城西立士林館（據梁武帝本紀，時在梁武帝大同七年，西元 541 年），弘正居以講授，聽者傾朝野焉。弘正啓梁武帝《周易疑義》五十條，又請釋《乾・坤二繫》（並詳附錄佚文節）。詔答以「萬機小暇試當討論」（已詳於梁武帝章）。弘正博物知玄象，善占候。（史言如此，其實梁武帝迷

信佛法，兵備廢弛，亂象已成，不占可知）。大同（梁武帝年號，計十一年，西元535～545年）末，嘗謂弟弘讓曰：「國家厄運，數年當有兵起。」及梁武帝納侯景（太清元年，西元547年。侯景，梁書卷五十六，南史卷八十有傳），弘正謂弘讓曰：「亂階此矣。」王僧辯（梁書卷四十五，南史卷六十三有傳）之討侯景也，弘正與弘讓自拔迎軍，僧辯得之甚喜，即日啓元帝（蕭繹，武帝第七子，平定侯景亂，都江陵，及西魏陷江陵，元帝乃焚所藏圖書十四萬卷，旋被殺。見梁書及南史本紀）。元帝嘗著《金樓子》（隋志子部有梁元帝撰金樓子十卷，今殘，有知不足齋叢書本）曰：「余於諸僧重招提琰法師（招提，寺名，琰，釋慧琰也。廣弘明集卷二十一載其諮昭明太子二諦義。又金樓子聚書篇自言：「得招提琰法師眾義疏及眾經序。」云）；隱士重華陽陶貞白（陶弘景隱居華陽，卒諡貞白，梁書卷五十一，南史卷七十六有傳）；士大夫重汝南周弘正。」（案：今傳知不足齋本金樓子，已脫此條）及侯景平（梁元帝大寶三年，西元552年），僧辯啓送秘書圖籍敕弘正讎校。陳武帝（名霸先，見陳書及南史本紀）受禪（西元557年），授太子詹事。文帝（名蒨）天嘉元年（西元560年），遷國子祭酒。廢帝（名伯宗）嗣位（西元567年），領都官尚書，總知五禮事。宣帝（名頊）太建元年（西元569年），重領國子祭酒。太建五年（西元574年），敕侍東宮，講《論語》、《孝經》。太子（陳叔寶）以弘正朝廷舊官，德望素重，於是降情屈理，橫經請益，有師資之敬焉。六年（西元575年）卒于官，時年七十九，諡曰簡子。《陳書》卷二十四，《南史》卷三十四有傳（為本文所據）。弘正特善玄言，兼明釋典，雖碩學名僧，莫不請質疑滯。所著《周易講疏》十六卷（隋志作義疏，詳考證），《論語疏》十一卷（隋志未著錄）、《莊子疏》八卷（隋志有莊子內篇講疏八卷，周弘正撰）、《老子疏》五卷（隋志未著錄）、《孝經疏》二卷（隋志有孝經補記二卷，周弘正撰）、《集》二十卷（隋志有陳尚書僕射，周弘正集二十卷），行于世。

第二節　考　證

　　《陳書》及《南史·周弘正傳》，皆謂弘正有《周易講疏》十六卷，《隋書·經籍志》作《周易義疏》十六卷。考弘正歷官梁國子博士。陳國子祭酒，於太學講《易》，多歷年所。此十六卷者，即當日講《易》所資，應准梁武《周易講疏》、褚仲都《周易講疏》、張譏《周易講疏》、何妥《周易講疏》之例，亦名《周易講疏》也。歷城馬國翰據《釋文序錄》「梁褚仲都、陳周弘正並為《易》義」之語，以原書本題當作《義疏》。然《釋文》謂褚仲都並為《易》義，馬氏輯褚氏佚文何

以又題以《周易講疏》？茲不采馬氏之題名，仍據本傳定爲《周易講疏》也。唐陸德明《釋文》、孔穎達《正義》、史徵《口訣義》皆嘗引之，是唐時其書尚存，而《舊唐書・經籍志》、《新唐書・藝文志》皆不著錄，蓋誤漏也。今則佚矣。輯其佚文者，有馬國翰、黃奭二家，馬氏所輯，自《正義》錄得十三條，自《釋文》錄得四條，都十七條。黃氏更自《口訣義》錄得四條，自《古周易訂詁》錄得一條，都二十二條。茲複從《序卦・正義》「周氏兼以過失釋大過之名」輯得一條，凡二十三條，而以《陳書・周弘正傳》所載弘正〈請梁武帝釋乾坤二繫義表〉作爲附錄。

　　周氏治《易》，首重歸納分析，如析《乾・文言》爲六節，《上繫》爲十二節。《下繫》爲九節，爲孔穎達《正義》所遵用；又歸納《序卦》之例，曰然後，曰而後，曰不可，曰不可以，曰不可不、曰必、曰必有、曰必有所、曰莫若，以爲約之不外一中；並以天道、人事、相因、相反、相須、相病，六門主攝之；馬國翰稱其「頗有新意」（見馬氏輯本序）並喜以人事義理講《易》。如釋《訟》卦「不利涉大川」，曰：「與相爭，必被襲謀，當見墜於深泉也。」釋《萃》卦「王假有廟」，曰：「鬼神享德，不在食也。」實理味深長。於先儒《易》說，多采鄭玄。如《蠱》：「先甲三日，後甲三日。」《正義》曰：「褚氏、何氏、周氏等並同鄭義：甲者，造作新令之日。甲前三日，取改過自新，故用辛也；甲後三日，取丁寧之義，故用丁也。」《繫辭》下：「知者觀其彖辭。」《釋文》云：「彖辭，鄭云爻辭也，周同。」此皆周氏同於鄭玄也。又如《晉・象》曰：「明出地上，晉，君子以自昭明德。」《正義》引周氏云：「用明以自照爲明德。」《集解》引鄭云：「以明自照其德。」二家「昭」皆作「照」，與弼本作「昭」者異。再者，鄭玄《易》義，師承馬融，間用《緯》說。周氏講《易》亦多采緯書及馬融說。如《蠱》初六爻辭，於「有子考」絕句，依於馬融；論《易》一名三義，據于《易緯》（唯以易者易代之名，義與鄭玄小異）。凡此，皆足證周氏之《易》義，源於鄭玄者實夥也。而江南盛行弼《注》，故周氏講《易》，衍輔嗣《易》旨者，亦所在多有。如《恒》卦《正義》引周氏曰：「三事者，一、亨也，二、无咎也，三、利貞也。」此釋弼注「恒而亨以濟三事」者也。又如《屯》卦《正義》引周氏云：「《屯》有二義：一、難也，二、盈也。」「難也」之義本於弼《注》「始於險難」；「盈也」之義本於弼《注》「萬物滿盈」。《井》卦《釋文》引周云：「井以不變更爲義」，蓋本弼《注》「井以不變爲德者也」；《井》卦《口訣義》引周弘正釋「勞民勸相」爲「勸助民人」，蓋本弼《注》「相猶助也」。凡此皆周氏《易》義本於弼《注》昭昭可考者也。於並時諸儒，與褚仲都、莊氏、何妥雖稍有異同，而大義相近。如釋《乾》元亨

利貞，配以五德四時五行，與莊、何意同，釋《屯》「萬物盈滿則亨通」與褚意同；釋《蠱》卦「先甲三日後甲三日」，與褚、何並同鄭義。唯釋弼注「恒而亨以濟三事」，與褚、莊同中有異耳。弘正年十五節即起家梁太學博士，入陳爲國子祭酒；年七十九，猶侍講東宮，鑽研經籍，歷六十餘年，而未嘗間斷。故能綜采諸家，自生新義，孔氏《正義》，頗多引用，詳具見於佚文節。

第三節　佚　文

周易上經

《講疏》：《易》者，易也，不易者（「者」字蓋涉上下文而誤，當作「也」），變易也。易者，易代之名，凡有無相代，彼此相易，皆是易義。不易者，常體之名，有常有體，無常無體，是不易之義。變易者，相變改之名，兩有相變，此為變易。（周易正義序引周簡子云。馬氏、黃氏輯同。）

案：《易》一名三義，《易緯·乾鑿度》首言之，鄭玄依用之，謂：易簡、一也；變易、二也，不易、三也。並引《繫辭》以證成其義。崔覲、劉瓛並用其說，詳已見劉瓛章。周弘正《義疏》，論《易》三義，言不易、變易，皆與鄭近；唯以易者易代之名，蓋據《繫辭》：「《易》之興也，其當殷之末世，周之盛德邪？當文王與紂之事邪？」而推得：與鄭玄簡易之義相異。考《易緯·乾鑿度》言：「虛無感動，清淨炤哲，移物致耀，至誠專密。不煩不撓，淡泊不失，此其易也。」含簡易之義，無易代之意。是以孔氏《正義序》論之曰：「不顧《緯》文『不煩不擾』之言，所謂用其文而背其義，何不思之甚。」是也。《正義》又云：「張氏（譏，另詳）何氏（妥），並用此（指弘正之言）義。」當另詳於張譏章。

䷀ 乾下
乾上　**乾，元亨利貞。**

《講疏》：元，始也，於時配春，言萬物始生，得其元始之序，發育長養，亨，通也，於時配夏，夏以通暢，合其嘉美之道；利者，義也，於時配秋，秋以成實，得其利物之宜，貞者，正也，於時配冬，冬以物之終，納幹正之道。若以五行言之：元、木也；亨，火也；利，金也；貞，水也；土則資運四事，故不言之。若以人事：則元為仁；亨

為禮；利為義，貞為信，不言智者，謂此四事，因智而用。故《乾鑿度》云：「水土二行，兼智兼信。」是也。（史征周易口訣義引周氏云，馬氏未輯黃氏輯同。）

案：《子夏傳》曰：「元，始也，亨，通也；利，和也；貞，正也。」（見集解；正義亦引之）周氏以：元、始也；亨，通也；貞，正也。蓋本《子夏傳》。《文言》曰：「元者善之長也；亨者嘉之會也；利者義之和也；貞者事之幹也。君子體仁，足以長人；嘉會足以合禮，利物足以和義；貞固足以幹事。」周氏以：利，義也；又以元亨利貞配仁禮義信，皆本《文言》也！至於又配以四時五行，似周氏之創見。《周易正義》引莊氏（佚名）說元亨利貞而論之，《周易集解》引何妥釋「君子體仁足以長人，嘉會足以合禮，利物足以和義，貞固足以幹事。」多與周氏意同，當另述之。

文言曰：

君子以成德為行，日可見之行也。潛之為言也，隱而未見，行而未成，是以君子弗用也。

《講疏》：上第六節乾元者始而亨者也，是廣明乾與四德之義，此君子以成德為行，亦是第六節，明六爻之義。總屬第六節，不更為第七節。德出於己，在身內之外，故云成；行被於人，在外之事，故云為行。（正義引周氏云，馬氏黃氏所輯並同。）

案：周氏《乾‧文言》之分節，其詳已不可得聞。觀孔氏所引：「此君子以成德為行，亦是第六節；明六爻之義。」等語，則自「乾元者始而亨者也」至《乾‧文言》末「亢之為言……其唯聖人乎」，明六爻之義者，周氏皆以為第六節，故可斷定周氏分《乾‧文言》計六節也。考《正義》亦分《乾‧文言》為六節：「從此（文言曰……）至元亨利貞，明《乾》之四德，為第一節。從初九曰潛龍勿用，至動而有悔，明六爻之義，為第二節。自潛龍勿用下，至天下治也，論六爻之人事，為第三節。自潛龍勿用陽氣潛藏，至乃見天則，論六爻自然之氣，為第四節。自乾元者至天下平也，此一節復說乾元之四德之義，為第五節。自君子以成德為行，至其唯聖人乎，此一節更廣明六爻之義，為第六節。」《正義》五、六兩節，周氏原不分，總為第六節；則《正義》一、二、三、四等四節，周氏必分為五節也。以文義察之，正義一、三、四節，決不能再分。則周氏原分為兩節者，必《正義》之第二節：即論初九、九二、九三爻辭者為第二節；論九

四、九五，上九爻辭者爲第三節。綜上所述，周孔分節，異同如下：周氏第一節，孔氏與之同；周氏第二節第三節，孔氏合之爲第二節；周氏第四節，孔氏爲第三節；周氏第五節，孔氏爲第四節；周氏第六節，孔氏析之爲第五、第六兩節。《正義》引周氏論第六節之言後云：「義或當然」，是孔氏亦不以周氏分節爲非矣。至於周氏釋「成」與「爲」之異，孔氏則據下文「行而未成」，曰：「是行亦稱成，周氏之說，恐義非也。」不取其說。

☵ 震下 坎上　屯，元亨利貞。

象曰：雷雨之動滿盈。

《講疏》：此一句覆釋亨也。但屯有二義：一、難也；一、盈也。上既以剛柔始交，釋屯難也；此又以雷雨二象解盈也。言雷雨二氣初相交動，以生養萬物，故得滿盈，即是亨之義。（正義引周氏云。案：玉函山房輯本僅輯「此一句覆釋亨也」一句，蓋以下文爲孔氏語。考「即是亨之義」之下，正義始依周氏義疏而補釋之曰：「覆釋亨者……」云云，則「即是亨之義」以上爲周氏義疏語可知；且正義下文又約取周氏義疏之意曰：「周氏褚氏云：『釋亨也，萬物盈滿則亨通也。』」則此處所引詳文當不僅「覆釋亨也」一句，應包括「故得滿盈，即是亨之義。」等句在內。黃奭全輯之。是也。）

案：《說文》：「屯，難也，屯，象屮木之初生，屯然而難，從屮貫一屈曲之也。一、地也。」是屯之字依類象形，象屮木萌芽屈曲出土之形也。《易·屯》卦辭云：「屯，元亨利貞。」所以然者，其理有二：若屮木之芽動乎堅土之中，終得上萌，必大亨也。故《彖》一則曰：「屯，剛柔始交而難生，動乎險中，大亨貞。」王弼注云：「始於險難，至於大亨，而後全正，故曰：屯元亨利貞。」又若雷雨（震爲雷，坎爲雨）大作，則苗亦勃然而興。故《彖》再則曰：「雷雨之動，滿盈。」王弼注云：「萬物滿盈」，萬物滿盈，亦亨通矣，故曰元亨利貞。周氏以屯有難義，有盈義，皆得元亨（由「覆釋亨也」之「覆」而知皆亨），本於經旨，依於弼注，而與褚氏《義疏》同。孔氏引之，蓋取其說也。《正義》又引周氏褚氏云：「釋亨也，萬物盈滿，則亨通也。」蓋約取其義，已見褚氏章。

坎下　乾上　訟

不利涉大川。

彖曰：不利涉大川，入於淵也。

《講疏》：與相爭，必被襲謀，當見墜於深泉（泉本當作淵，始與經文入於淵合，口訣義作者史徵爲唐人，避太祖諱改。）也。（口訣義引周氏云。黃輯同，馬未輯。）

案：《集解》引侯果曰：「訟是陰事，以險涉險，故不利涉大川。」《正義》云：「以訟而往涉危難，必有禍患，故不利涉大川。」又云：「若以訟事往涉于川，即必墜于深淵而陷於難也。」皆同周氏之義，純以人事釋《易》。

☴下
☶上　蠱，元亨，利涉大川，先甲三日，後甲三日。

《講疏》：甲者，造作新令之日，甲前三日，取改過自新，故用辛也；甲後三日，取丁寧之義，故用丁也。」（正義引「褚氏何氏周氏並同鄭義」如此。馬氏、黃氏所輯並同。）

案：已見褚氏章，不贅。

初六，幹父之蠱，有子考，无咎；厲，終吉。

《講疏》：有子考，絕句。（釋文：「有子考无咎，絕句。周依馬、王肅，以考絕句。」馬氏黃氏輯同。）

案：當是「有子」一讀，「考无咎」絕句。詳王肅章。

☴下
☱上　大過。

《講疏》：過，過失。（周易序卦正義：「周氏等不悟其非，兼以過失釋大過之名。」馬黃未輯。）

案：《大過》之過，謂「過越」，兼謂「過失」，已詳王肅章。周氏等「兼以過失釋大過之名」，本於王肅。

周易下經

☶下
☱上　咸，亨，利貞，取女吉。

《講疏》：天地各卦，夫婦共卦者，尊天地之道，略於人事；猶如三才，天地為二，人止為一也。（正義引，馬氏黃氏皆輯之。）

案：《周易正義》曰：「先儒以《易》之舊題分自此以上三十卦爲上經，已下三十四卦爲下經。《序卦》至此又別起端首。先儒皆以上經明天道，下經明人事。然韓康伯注《序卦》破此義云：『夫《易》六畫成卦，三才必備，錯綜天人，以效變化，豈有天道人事，偏於上下哉？』案：上經之內，明飲食必有訟，訟必有衆起，是兼於人事，不專天道，既不專天道，則下經不專人事，理則然矣。但孔子《序卦》，不以《咸》繫《離》，《繫辭》云：『二篇之策。』則是六十四卦，舊分上下。《乾》《坤》象天地，《咸》《恒》明夫婦。《乾》《坤》乃造化之本，夫婦實人倫之原，因而擬之，何爲不可？天地各卦，夫婦共卦者，周氏云：『尊天地之道，略於人事；猶如三才，天地爲二，人止爲一也。』此必不然。竊謂《乾》《坤》明天地初闢，至《屯》乃剛柔始交，故以純陽象天，純陰象地；則《咸》以明人事，人物既生，共相感應。若二氣不交，則不成於相感，自然天地各一，夫婦共卦，此不言可悉。豈宜妄爲異端。」探孔氏之意，計分三層。首述先儒上經明天道下經明人事之說，而引韓康伯之言以破之，且代爲舉例以證。蓋「上經明天道下經明人事」爲「全稱命題」，有一例外，即可證明其非眞而破斥之。然上經固始於乾坤，下經固始於咸恒，「乾坤象天地，咸恒明夫婦」二句，爲「特稱命題」，皆可證明其爲眞者也。故孔氏以爲「有何不可」。孔氏最後釋天地各卦。夫婦共卦之理。引周氏「尊天地略人事」之說而謂「必不然」；而以天地初闢，自然各一，二氣相感，夫婦共卦說明之。前修未密，後出轉精，自較周說爲長。又案：孔氏先引「先儒皆以上經明天道下經明人事」，繼言「六十四卦舊分上下，乾坤象天地，咸恒明夫婦」，從而引周氏釋「天地各卦，夫婦共卦」之言。似周氏之言，亦承「上經明天道下經明人事」之前提而得者也。然則周易上下經之分，不得不辨之於下。考《周易》六十四卦之次序及上下經之分，皆因卦爻變（陰陽爻互變，如乾☰變爲坤☷，坎☵變爲離☲之類，或名爲「錯」）覆（陰陽爻上下相反復，如屯☵覆爲蒙☶，需☵覆爲訟☵之類，或名之曰「綜」）現象而形成，非因天道人事而分也。六十四卦次序依變覆，孔穎達已知之。《序卦》之《正義》云：「六十四卦，二二相耦，非覆即變。」是孔氏知之之證；然孔氏不知上下經之分亦由變覆也。宋李心傳《丙子學易編》：「先儒謂上經天道，下經人道，晉韓康伯非之當矣。程子復論分上下經之故，其說甚詳。晦庵則

以爲簡帙重大而已。信斯言也，則諸卦自可平分爲二，曷爲多寡之不齊乎？愚嘗考之上下篇之卦數雖不齊，而反覆觀之，皆爲十有八。故《繫辭傳》亦言『二篇之策』，則其來蓋遠，未爲无意也。」近人崔適作《史記探源》亦曰：「《周易》分上經爲三十卦，下經爲三十四卦者，卦畫初成，各以十八簡書之。上經：《乾》純陽，《坤》純陰，《頤》、《大過》、《坎》、《離》、皆陰陽反對，不能共簡，故六卦分爲六簡。《屯》倒之爲《蒙》，《蒙》倒之爲《屯》，他卦皆然，故二十四卦合爲十二簡，總爲十八簡。下經：惟《既濟》、《未濟》（崔適蓋偶誤，當曰中孚、小過），各爲一簡，其餘三十二卦各爲十六簡，總亦爲十八簡。及爲卦辭，爻辭後，卦數分上下經，即源於此。」（史記探源卷六孔子世家節）。是上下經各分十八簡，亦依變覆也。六十四卦之分上下，既如上述，則先儒強以上經言天道，下經明人事說之，乃根本動搖矣。周弘正氏之說天地各卦夫婦共卦，其言既根據先儒所言因天人而分上下經爲其前提，其誤固相同也。

茲附上下經六十四卦卦序圖於下，俾便參考：

一、上經十八簡及其次第：

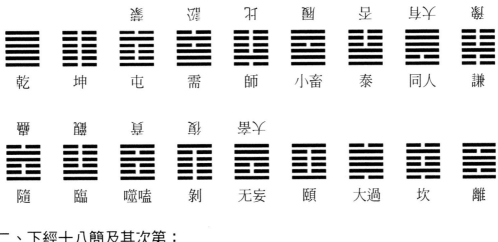

乾　坤　屯　需　師　小畜　泰　同人　謙

隨　臨　噬嗑　剝　无妄　頤　大過　坎　離

二、下經十八簡及其次第：

咸　遯　晉　家人　蹇　損　夬　萃　困

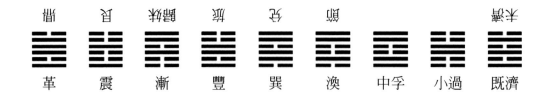

革　震　漸　豐　巽　渙　中孚　小過　既濟

巽下
震上　**恒，亨，无咎，利貞，利有攸往。**

王弼《注》：恒而亨，以濟三事也。

《講疏》：三事者，一、亨也，二、無咎也，三、利貞也。（正義引周氏云，馬氏輯同，黃氏以其申王弼義，以爲附錄。）

案：《正義》引周氏外，復引褚氏云、莊氏云，並以褚氏爲長。皆詳褚氏章，此不贅。

坤下
離上　**晉**

象曰：明出地上，晉，君子以自照明德。

《講疏》：自照己身。《老子》曰：「自知者明。」用明以自照，為明德。（正義引周氏等。馬氏黃氏輯同。）

案：經文「照」字，李鼎祚《集解》本亦作「照」。《集解》引鄭康成曰：「地雖生萬物，日出於上，其功乃著；故君子法之，而以明自照其德。」則鄭玄本亦爲「照」字，其義則爲周氏等所本。王弼本「照」作「昭」，作「顯」解。孔《疏》尊王，故以周氏作「照」非注旨云。

坤下
兌上　**萃，亨，王假有廟。**

《講疏》：鬼神亨德，不在食也。（口訣義引周宏正云。黃氏輯同，馬未輯。）

案：《萃》卦《象》曰：「王假有廟，致孝亨也。」周氏《義疏》，即由《象》義導出，亦《孝經・感應》章所謂「宗廟致敬，鬼神著矣」之意也。史徵《周易口訣義》取周氏之義，釋曰：「萃，亨者；萃，聚也；其猶王者有德，懷來萬邦，人皆歸己，故曰萃也。人既歸己，即无所不通，故曰萃亨也。王假有廟者：假、至也；天下離散，雖則有廟，與无廟同，縱使亨祭，神明不降。今

王既有德，人神大同，孝德乃洽，王至此時，始可假有宗廟，故周弘正曰：『鬼神亨德，不在食也。』」釋義甚精。

☴ 巽下 坎上　井，改邑不改井。

《講疏》：井以不變更為義。（釋文引周氏云，馬氏黃氏輯同。）

案：《井‧彖辭》曰：「井養而不窮。」鄭玄本之以釋井義，井以汲人，水无空竭，猶君子以政教養天下，惠澤無窮也。（見集解引）井既「養而不窮」，故卦辭曰：「改邑不改井。」王弼本之，《注》遂言「井以不變爲德者也。」矣。周之《義疏》，又本於卦辭，依於弼《注》者也。

象曰：木上有水，井；君子以勞民勸相。

《講疏》：勸助民人，使功日濟。（口訣義引周宏正。黃氏輯，馬未輯。）

案：《集解》引虞翻曰：「君子，謂泰幹也；坤爲民，初上成坎，爲勸；故勞民勸相。相、助也。謂以陽助坤矣。」王弼《易注》，去其象數之說，取其相助之釋，曰：「相，猶助也。可以勞民勸助，莫若養而不窮也。」周氏《義疏》，即依王《注》。《口訣義》亦採王弼之注，引周氏之疏以證之，曰：「君子以勞民勸相者，勞、賚，相、助也。井之爲義，養而不窮，以勞賚之恩，恤勤惠令，勸助百姓，使有成功，故周宏正云：『勸助民人，使功日濟。』是也。」

☳ 艮下 震上　小過，亨，利貞。

《講疏》：過，罪過。（正義：「周氏等不悟此理，兼以罪過釋卦名。」馬黃皆輯。）

案：以過爲罪過，蓋王肅義。然過兼含「過失」「過差」二義。鄭玄、王弼、韓康伯、褚仲都並以「過差」釋之，固是；王肅、周弘正等「兼以罪過」釋卦名，亦不得謂之非。以《小過》爻辭而論，九三曰「弗過防之」，九四曰「弗過遇之」，上六曰「弗遇過之」，並兼含「過差」「過失」二義。是以焦循《易通釋》云：「六二以過與不及並言，九三九四言弗過，上六言過之，則皆過失之過矣。」是也。孔穎達以「因過得亨，明非罪過。」故斥周氏「失之遠矣」。則以周氏爲非。參閱王肅章及褚仲都章。

繫辭傳上

《講疏》：天尊地卑為第一章，聖人設卦觀象為第二章，彖者言乎象者為第三章，精氣為物為第四章，顯諸仁藏諸用為第五章，聖人有以見天下之賾為第六章，初六籍用白茅為第七章，大衍之數為第八章，子曰知變化之道為第九章，天一地二為第十章，是故易有太極為第十一章，子曰書不盡言為第十二章。（正義引周氏云：馬氏黃氏所輯並同。）

案：《上繫》分章，《正義》謂「諸儒所釋上篇分段次下，凡有一十二章。」乃引周氏十二章之說。此外，復引虞翻分為十一章，及馬融、荀爽、姚信等分十三章說。虞氏十一章，乃「合大衍之數並知變化之道，共為一章。」（見正義原文）即周氏八九兩章，虞氏原合為一章也。《正義》以「大衍一章，總明揲蓍策數及十有八變之事，首尾相連；其知變化之道已下別明知神及唯幾之事，全與大衍章義不類，何得合為一章？」故不采虞說。馬氏等十三章，「又分白茅章後取負且乘更為別章。」（亦正義原文）即周氏第七章，馬融等原分為兩章也。《正義》以「義無所取」，故亦不采。而從周氏十二章之說焉。又案十二章之分，呂祖謙《古周易》及劉瓛、朱熹、來知德，皆與周氏所分稍異，已詳劉瓛章云。

震无咎者存乎悔。

《講疏》：震，威也。（釋文引周云。案：阮元校勘記云：補閩監本作戚；宋本盧本戚作救。此條馬氏未輯，黃輯作「救也」。）

案：周云：「威也。」威字或又作救，字既有異，莫知孰正，故闕而不論，以俟來者。

繫辭傳下

《講疏》：第一起八卦成列至非曰義；第二起古者包犧至蓋取諸夬；第三起易者象也至德之盛；第四起困于石至勿恒凶；第五起乾坤其易之門至失得之報；第六起易之興至巽以行權；第七起易之為書至思過半矣；第八起二與四至謂易之道；第九起夫乾天下至其辭屈。（正義引：「周氏莊氏並為九章」馬氏黃氏皆輯之。」

案：《正義》除引周氏、莊氏九章之說而從之外，又云：「此篇章數，諸儒不同，

劉瓛爲十二章，以對上繫十二章也。」已詳劉瓛章。

知者觀其彖辭。

《講疏》：彖辭，爻辭也。（釋文引鄭云，言周同。馬黃並輯之。）

案：彖辭異說，《釋文》所引，已有五家：馬融云：彖辭，卦辭也。此其一。鄭玄云：爻辭也，周弘正同。此其二。王肅云：彖，舉象之要也。此其三。師（陸德明之師）說：通謂爻卦之辭也。此其四。一云：即夫子《象辭》。此其五。而《周易》古本，彖辭又有作象辭者（見阮元校勘記云）。茲考《繫辭》四言「彖」，皆指卦辭，馬融王肅之說是也。鄭玄周弘正以爲爻辭，恐非是，詳見王肅章云。

《易》之興也，其當殷之末世，周之盛德邪。當文王與紂之事邪？是故其辭危。

《講疏》：謂當紂時，不敢指斥紂惡，故其辭微危而不正也。（正義引周氏雲，馬氏、黃氏所輯同。）

案：韓康伯《繫辭注》注此云：「文王與紂之事，危其辭也。」危其辭者，隱微其言辭也；危訓爲微（大戴禮勸學篇：「夫水者，弱約危達似察。」荀子勸學篇作「夫水淖約微達似察。」是危微音近義可通也）。然繫辭下文承以「危者使平」，則危亦可作憂危解，《正義》即以「《易》辭多述憂危之事」釋之。周弘正謂「其辭微危而不正」者，意指《周易》之言，隱微而不直言之。是從韓《注》之說也。《正義》引之，謂得《注》旨，而兩存之。是孔氏亦不以韓《注》周《疏》「微危」義爲非矣。又鄭玄注此云：「據此言，以《易》文王所作，斷可知矣。」（左傳昭二正義引）周弘正以「《易》者易代之名」（詳佚文第一條），當亦據此。已見上文，茲不復贅。

序 卦

《講疏》：序卦以六門主攝：第一天道門，第二人事門，第三相因門，第四相反門，第五相須門，第六相病門。如乾之次坤，泰之次否等，是天道運數門也；如訟必有師，師必有比等，是人事門也；如因小畜生履，因履故通等，是相因門也，如遯極反壯，動竟歸止等，是相反門也，如大有須謙，蒙稚待養等，是相須門也；如賁盡致剝，進極致傷等，是相病門也。（正義引，馬氏、黃氏所輯同。）

案：《周易》六十四卦，二二相耦，非覆即變。已詳本節佚文《周易》下經第一
條。唯其二二相耦，故言天道言人事者，各以類聚，唯其非覆即變，故或相
因相須，或相反相病。《序卦》蓋依六十四卦而序其相次之義，周氏又歸納
《序卦》之義而以六門主攝之。非謂六十四卦依《序卦》為次，《序卦》依
六門立說也。《正義》引周氏六門之說而論之，略曰：「六十四卦，二二相耦，
非覆即變……聖人本定先後，若元用孔子序卦之意，則不應非覆即變，然則
韓康伯所云：『因卦之次，托象以明義。』蓋不虛矣。故不用周氏之義。」
孔子謂六十四卦本定先後，非用《序卦》之意，則誠是矣，然周氏亦未言六
十四卦本於《序卦》，奈何引而不用也！

頤者養也，不養則不可動，故受之以大過。

《講疏》：過，過失。（正義云：「周氏等以過失釋大過之名。」此條黃氏輯之，
馬氏未輯。）

案：《正義》引王肅云：「過莫大於不養。」則以為過失之過；與鄭玄之訓「過
於」，王弼之訓「相過」異。周氏從王肅說，正義引而斥其非也。考過字兼含「過
於」「過失」二義，詳見王肅章，請參閱。

物不可窮也，故受之以未濟終焉。

**《講疏》：序例有數款，曰然後、曰而後、曰不可、曰不可以、曰不可
不、曰必、曰必有、曰必有所、曰莫若，各有取義，約之不外一中。
不問天道人事，高者抑之，下者舉之，得中者順之，隨時從道以趨中
而已。其他奧義，諸賢多搜索于位置時數之間，可喜可愕，不可枚舉。
然而夫子當時曾不瑣及，惟隨時用中之道為不易矣。**（何楷古周易訂詁引
周氏曰。黃奭所輯同。馬氏未輯。）

案：此條系黃奭自《古周易訂詁》輯得，《古周易訂詁》十六卷，明、何楷撰，在
《四庫全書》經部《易》類，經檢原書云「周氏曰」而未著弘正之名。考弘
正治《易》學，善歸納分析，此於其分析《上繫》為十二章，《下繫》為九章，
又歸納《序卦》為六門而知之。此條首分析序例，次歸納之謂不外一中，則
固周氏歸納分析之治學態度也。所云：「不問天道人事，高者抑之，下者舉之。」
又與周氏就序卦以天道，人事、相因、相反、相須、相病六門主攝，若合符
節。何楷所引，當有所據。而周氏以「隨時用中之道為不易」，亦甚獲中庸之
至意也。

第四節　附　錄

一、啟梁武帝《周易疑義》五十條，又請釋《乾坤二繫》

臣聞《易》稱立象以盡意（繫辭上：「聖人立象以盡意」），繫辭以盡言（繫辭上：「繫辭焉以盡其言」），然後知聖人之情（繫辭下：「聖人之情見乎辭」）幾可見矣（繫辭下：「知幾其神乎」）。自非含微體極，盡化窮神（繫辭下：「窮神知化，德之盛也」），豈能通志成務（繫辭上：「唯深也，故能通天下之志，唯幾也，故能成天下之務」），探賾致遠（繫辭下：「易之興也，其當殷之末世，周之盛德邪？當文王與紂之事邪？」史記太史公自序：「昔西伯拘羑里……演周易」），而宣尼比之桎梏，絕韋編於漆字（史記孔子世家：「孔子晚而喜易：序、彖、繫、象、說卦、文言。讀易，韋編三絕」）；軒轅之所聽瑩，遺玄珠於赤水（莊子天地：「黃帝遊乎赤水之北，登乎昆侖之丘，而南望還歸，遺其玄珠」）。伏惟陛下一日萬機，匪勞神於瞬息；凝心妙本，常自得於天真。聖哲無以隱其幾深（繫辭上：「夫易，聖人之所以極深而研幾也」），明神無以淪其不測（繫辭上：「陰陽不測之謂神」）。至若爻畫之苞於六經，文辭之窮於兩繫，名儒劇談以歷載，鴻生抵掌以終年，莫有試遊其藩，未嘗一見其涘。自製旨降談（陳書儒林沈洙傳：「异、琛於士林館講制旨義。」又張譏傳：「梁武帝嘗於文德殿釋乾坤文言」），裁成易道，析至微於秋毫，渙曾冰於幽谷。臣親承音旨，職司宣授；後進誂誂，不無傳業。但《乾》《坤》之蘊未剖，《繫》表之妙莫詮，使一經深致，尚多所惑。臣不涯庸淺，輕率短陋，謹與受業諸生清河張譏等三百一十二人，於《乾》《坤》二繫，象爻未啓，伏願聽覽之閒，曲垂提訓，得使微臣鑽仰，成其篤習，後昆好事，專門有奉。自惟多幸，懼沐道於堯年，肄業終身，不知老之將至。天尊不聞，而冒陳請，冰谷真懷，罔識攸厝。

二、奏記晉安王（錄首二句）

竊聞撝謙之象（謙六四爻辭：「无不利撝謙。」），起於羲軒爻畫；揖讓之源，生于堯舜禪讓。

第二十三章　陳・張譏：《周易講疏》

第一節　撰　人

　　張譏（生於梁武帝天監十三年，西元 514 年），字直言，清河武城（今山東武城縣西）人也。幼聰俊有思理。年十四（梁武帝大通元年，西元 527 年），通《孝經》、《論語》，篤好玄言。受學於汝南周弘正，每有新意，爲先輩推服。梁大同中（隋書百官志：「大同七年，國子祭酒到漑等又表立正言博士一人，位視國子博士，置助教二人。」張譏召補國子正言生，當在此年，即西元 541 年，譏年二十八），召補國子正言生。梁武帝嘗於文德殿釋《乾》《坤・文言》，譏與陳郡袁憲（陳書卷二十四，南史卷二十六有傳。案：大同八年，憲爲國子正言生）等預焉。勅令講議，諸儒莫敢先出，譏乃整容而進，諮審循環，辭令溫雅。梁武帝甚異之，賜裘襦絹等，云：「表卿稽古之力。」遷士林館學士。簡文（蕭綱，梁武帝蕭衍第三子，昭明太子母弟。見梁書及南史本紀）在東宮，出士林館，發《孝經》題，譏論議往復，甚見嗟賞，自是每有講集（本紀謂武帝所制五經講疏，簡文嘗於玄圃奉述，聽者傾朝野），必遣使召譏。及侯景寇逆（梁武帝太清二年，西元 548 年）於圍城中猶侍哀太子（蕭大器，蕭綱之次子。見梁書卷七、南史卷五十四）於武德後殿，講老莊。梁臺陷（太清三年）譏崎嶇避難，卒不事景。景平（梁元帝承聖元年，西元 552 年），歷臨安令。陳武帝（陳霸先，見陳書及南史本紀。）篡立（西元 557 年），除太常丞。天嘉（陳文帝年號，凡六年，自西元 560～565 年）中，遷國子助教。是時周弘正在國學（陳書周弘正傳：「天嘉之年，遷侍中國子祭酒」），發《周易》題，弘正第四弟弘直亦在講席。譏與弘正論議，弘正乃屈。弘直危坐，厲聲助其申理，譏乃正色謂弘直曰：「今日義集，辯正名理；雖知兄弟急

難，四公不得有助！」弘直曰：「僕助君師，何爲不可？」舉坐以爲笑樂。後主（陳叔寶，見梁書及南史本紀）嗣位（西元 583 年），領南平王府諮議參軍，東宮學士，尋遷國子博士。禎明（陳後主年號，凡三年）三年（西元 589 年，隋滅陳，南北統一），入隋，終於長安，時年七十六。《陳書》、《南史》皆入《儒林傳》（爲本文所據）。譏性恬靜，不求榮利，常慕閑逸，所居宅營山池，植花果。諸《周易》、老莊，而教授焉。吳郡陸元朗（字德明，著經典《釋文》三十卷，見新舊唐書儒學傳）、朱孟博（未詳）、一乘寺沙門法才，法雲寺沙門慧休、至眞觀道士姚綏，皆傳其業。譏所撰《周易義》三十卷（隋志有張機周易講疏三十卷，另詳考證節）、《尚書義》十五卷（亡）、《毛詩義》二十卷（亡）、《孝經義》八卷（亡）、《論語義》二十卷（亡）、《老子義》十一卷（亡）、《莊子內篇義》十二卷、《外篇義》二十卷、《雜篇義》十卷（隋志僅著錄張機莊子講疏二卷）、《玄部通義》十二卷（亡）、又撰《遊玄桂林》二十四卷（隋志經部五經總義類著錄九卷，子部道家類著錄二十一卷，又目一卷）。後主嘗勅人就其家寫入秘閣云。

第二節　考　證

《陳書》及《南史・儒林傳》謂張譏有《周易義》三十卷；《隋書・經籍志》著錄《周易講疏》三十卷，注：陳諮議參軍張機（機爲譏之誤）撰。兩《唐志》書名卷數悉同《隋志》，唯訂機爲譏。其書唐時且曾流傳日本，是以《唐日本國見在書目》有「《周易講疏》十卷，陳諮議參軍張機（機亦譏之誤）撰。」及至趙宋，乃佚。歷城馬國翰自《正義》輯得六條，其中《乾》卦獨佔五條。王忠林君云：「張譏師受於周簡子（弘正），而與何妥、褚仲都時相比近；故《正義》序言張氏承周簡子之說，《疏》中引張氏，與何氏、褚氏並稱，此可證《正義》所引張氏即張譏也。又《正義》所引張氏《易》，於《乾》卦獨詳。以張氏曾受敕論《乾》《坤・文言》於文德殿，其說必有特異，爲人所稱賞，故穎達亦亟引之也。」（見周易正義引書考。）所言明達而有徵，是也。茲據輯錄。馬氏又自《釋文》引「師讀」「師說」「師同」凡十三條；又「張氏」一條。考張譏本傳謂「吳郡陸元朗傳其業（詳撰者章）」，則陸德明（元朗字德明，以字行）嘗師事張譏；馬氏以陸氏《釋文》所引「師」即張氏，亦是。唯《釋文》引張譏既稱「師」，則稱「張氏」者，非譏可知。奈何馬氏竟引張氏一條也。據《釋文》：《坤》「直方大」上張璠本有「《易》曰」二字。是《釋文》稱張氏者，另有張璠（東晉安定人，集二十二家易義而成集解，今佚）其人。馬氏輯《釋文》（原誤作正義，正義無此，釋文有之）引張氏

「杞，苟杞」一條，及《釋文》引張氏，而馬氏未輯者如：《賁》「車張本作輿」，習「實張本作置」……諸條，皆爲張璠易。今輯張譏《講疏》，於《釋文》以稱「師」者爲限，凡稱「張氏」者，悉歸張璠。又《口訣義》於《謙》卦「六五，不富以其鄰，利用侵伐，无不利。」下引張氏「葛伯仇餉，湯往伐之。」以史事證易，與《正義》《乾》卦「潛龍勿用」下引張氏「若漢高祖生於暴秦之世，唯隱居爲泗上亭長。」方式相同，二張氏當爲一人，即譏是也。馬氏未見《口訣義》，故未輯入，茲補錄之。然則茲所輯者，自《正義》得六條，自《釋文》得十三條，自《口訣義》得一條，凡二十條云。

張譏受《易》於周弘正，故說《易》有與周氏近者。如《正義》序引張氏云：「《易》者換代之名，待奪之義。」即本周義。然南朝學風，不尚墨守，本傳謂弘正發《周易》題，譏與弘正論議，弘正乃屈（見陳書及南史儒林傳，參閱撰人節）。故張氏《易》義亦必有與周氏異者。如《繫辭》云「知者觀其彖辭」，周氏以《彖辭》爲爻辭；張氏以《彖辭》通謂爻卦之辭。又如《井》卦，周氏謂「《井》以不變更爲義」，張氏益以「清潔」之義。此皆不盡同於師說者也。於先賢之說，亦不主一家，取捨唯義，而不以人。如釋《乾》初九，以「九爲老陽，六爲老陰，文而從變。」釋《乾》九二「利見九五之大人」，既皆同鄭玄矣；而讀《需》卦「需有孚，光，亨貞吉。」於「光」絕句，復與鄭玄「光亨貞吉」總一句異。又如釋《乾·文言》曰：「識物之動，謂龍之動也。」既本王弼《注》「識物之動」而疏之矣；而讀《蠱》卦大象「君子以振民育德」之振爲賑，復與王弼讀如字者異。其他如馬融、虞翻、王肅、姚信、陸續、干寶，莫不與有同異。大抵言之，張譏《易》義重理，務於淺明易曉，故諸儒之說義理明達不涉象數者，即從之。如讀《繫辭》「聰明睿知而不殺」爲所戒反，乃從馬、鄭、王肅、干寶、虞翻訓衰之義是也。若諸儒之說，牽強附會窒塞難通者，即不從。如釋《說卦》「參天兩地」，馬融、王肅附會以《繫辭》「天數五地數五」之說，鄭玄牽合以「大衍之數」，虞翻復誤以「六爻」說之。譏皆不取，逕用奇耦釋參兩，有亂麻利刃之快。尤喜用史事以證《易》義，其說「潛龍」，舉漢高與泗上亭長爲證；說「不富以其鄰利用侵伐」，舉湯伐葛伯爲證，皆引喻恰當。至其說解文字，多用本字本義。如讀《遯》六二「莫之勝說」之說，《損》「二簋應有時」之應，《繫辭》「易之爲書不可遠」之遠，「則居可知矣」之居，皆如字。若本字本義必不可通，始以破字與假借說之，如讀「聰明睿知神武而不殺」之殺爲所戒反，是破字以讀也，以「除戎器戒不虞」之除爲治，是假借以訓也。宋儒如程頤、司馬光、蘇軾、朱震說《易》，多用其字義。總而言之，張譏疏《易》，首重義理，故於先儒之說有從有不從；務於淺明，

故深得聖人簡易之旨。宋儒《易》學，有闡明義理者，有證以史事者，張譏實爲之先導也。

第三節　佚　文

周易上經

《講疏》：易者，換代之名，待奪之義。（正義序引周簡子易一名三義之後，謂張氏何氏並用此義。此條馬氏輯之，黃氏案語錄之。）

案：《易》一名三義，源於《易緯・乾鑿度》，鄭玄大唱之，已詳於劉瓛章及周弘正章。張氏以易者換代之名待奪之義，乃承周氏：「《易》者，易代之名，凡有無相代，彼此相易，皆是《易》義。」之說也。張氏受業於周氏，故言如此，詳周弘正章，不贅。

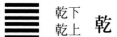 乾下 乾上　乾，元亨利貞。

初九

《講疏》：陽數有七有九，陰數有八有六。但七爲少陽，八爲少陰，質而不變，爲爻之本體；九爲老陽，六爲老陰，文而從變，故爲爻之別名。且七既爲陽爻，其畫已長（阮元校勘記引浦鏜云：長當陽字誤），今有九之老陽，不可復畫爲陽；所以重錢，避少陽七數，故稱九也。八爲九數，而畫陰爻，今六爲老陰，不可復畫陰爻，故交其錢，避八而稱六。（正義引張氏以爲。馬氏黃氏皆輯之。）

案：《周易正義》以「陽爻稱九，陰爻稱六，其說有二：一者，《乾》體有三畫；《坤》體有六畫。陽得兼陰，故其數九；陰不得兼陽，故其數六。二者，老陽數九；老陰數六。老陰老陽皆變；《周易》以變者爲占。故杜元凱注《襄九年傳》『遇《艮》之八』，及鄭康成注《易》，皆稱《周易》以變者爲占，故稱九稱六。所以老陽數九，老陰數六者，以揲蓍之數，九遇揲則得老陽，六遇揲則得老陰。其少陽稱七，少陰稱八，義亦準此。」然則張氏以「九爲老陽，六爲老陰，文而從變，故爲爻之別名。」屬第二說，當與鄭玄、杜預之義略同也。鄭玄《易注》，今已佚矣。考《易緯・乾鑿度》曰：「陽動而進，陰動而退；

故陽以七，陰以八爲象。易一陰一陽合而爲十五之謂道。陽變，七之九，陰變，八之六；亦合於十五。則象、變之數若之一也。」鄭玄注云：「象者，爻之不變動者。五象天數奇也，十象地之數偶也，合天地之數，乃謂之道。陽動而進，變七之九，象其氣息也；陰動而退，變八之六，象其氣消也。九、六，爻之變動者，繫曰：『爻，效天下之動也。』然則《連山》、《歸藏》占象，本其質性也，《周易》占變者，效其流動也。象者，斷也。」猶可以推知鄭氏《易注》之大概。杜注《左傳》，至今尚存。《襄九年傳》云：「穆姜薨於東宮。始往而筮之，遇《艮》之八☶☳，史曰：『是謂《艮》之《隨》☶☳，《隨》其出也。君必速出。』姜曰：『亡，是於《周易》曰隨，隨、元亨利貞，无咎……』」杜預注云：「《周禮》大卜掌三《易》，然則雜用《連山》、《歸藏》、《周易》。二《易》（連山、歸藏）皆以七、八爲占，故言遇《艮》之八。史疑《古易》遇八爲不利，故更以《周易》占變爻得《隨》卦而論之，謂隨非閉固之卦。《易》筮皆以變者占，遇一爻變異則論象，故姜亦以象爲占也。史言《周易》，故指言《周易》以折之。」茲合鄭玄、杜預、張譏三家之言而較之：鄭玄以「《連山》、《歸藏》占象，本其質性。」《杜預》以《連山》、《歸藏》「二《易》皆以七、八爲占」，張譏以「七爲少陽，八爲少陰，質而不變，爲爻之本體。」其意若一，究其根源，實同出於《易緯‧乾鑿度》「陽以七，陰以八爲象。」之言也。又鄭玄以「九、六，爻之變動者，《周易》占變者，效其流動也。」杜預以「《易》筮皆以變者占」，張譏以「九爲老陽，六爲老陰，文而從變，故爲爻之別名。」其意亦若一，究其根源，實同出於《易緯》、《乾鑿度》「陽變，七之九；陰變，八之六。」之言也。由此觀之，張譏此條，由鄭玄、杜預《易義》一脈相承；與鄭、杜同宗《易緯‧乾鑿度》之說也。（孔穎達所述第一說已詳干寶章，此不贅。）

潛龍勿用

《講疏》：以道未可行，故稱勿用以誡之。於此小人道盛之時，若其施用，則爲小人所害。寡不敵衆，弱不勝強，禍害斯及，故誡勿用。若漢高祖生於暴秦之世，唯隱居爲泗上亭長，是勿用也。（正義引張氏云。馬氏黃氏輯同。）

案：張氏以人事說《易》也，舉漢高爲亭長以喻，最是恰當。諸儒或以舜始漁于雷澤喻（亦見正義引），干寶則以「此文王在羑里之爻」；皆不如也。《正義》云：「舜之時，當堯之世。堯君在上，不得爲小人道盛。」故舜居雷澤，所喻

非倫。干寶以文王囚於羑里，則禍害已至，亦引喻失義。相較之下，尤可見張譏之喻爲特出。

九二，見龍在田，利見大人。

《講疏》：九二利見九五之大人。（正義引褚氏張氏同鄭康成之說。馬氏黃氏輯同。）

案：褚仲都、張譏皆從鄭玄說，以九二利見者，九五之大人；九五利見者，九二之大人。而與王弼「萬物之睹」（孔氏正義疏之云：「大人爲天下所利見也」）義異，詳見褚氏章。

文言曰：

潛龍勿用，下也。

《注》：夫識物之動，則其所以然之理，皆可知也。

《講疏》：識物之動，謂龍之動也。則其所以然之理，皆可知者，謂識龍之所以潛，所以見，然此之理，皆可知也。」（正義引張氏云。案：黃氏逸書考僅輯「識物之動，謂龍之動也。」一句爲張氏語；馬氏所輯則猶接以「龍之爲德……明龍潛龍見之義」一大段。考正義前文云：「夫識物之動，則其所以然之理皆可知者，此欲明在下龍潛見之義。張氏云……」即接以張氏講疏；正義前文既有「則其所以然之理皆可知者」之語，則講疏中「則其所以然之理皆可知者」必非孔氏之言可知。黃氏不輯，非也。下之「龍之爲德不爲妄者」，則正義釋王注語，馬氏誤以爲張氏語而輯之，非也。）

案：此張氏釋弼《注》義，可見張氏《講疏》，非僅講《易經》而已，且兼釋弼《注》也。

☵ 乾下
坎上 需，有孚，光，亨貞吉，利涉大川。

《講疏》：光，絕句。（釋文，引師讀。馬氏輯之，黃氏不輯。）

案：需卦卦辭，頗多異讀。《釋文》云：「有孚，徐（邈）音敷，信也，又作旉；光，師讀絕句；亨貞吉，一句；馬、鄭總爲一句。」則除引其師張譏說外；又引馬、鄭「光亨貞吉」總爲一句之說。王弼《周易注》，李鼎祚《周易集解》皆以「光亨貞吉」絕句，蓋同馬、鄭。迄至趙宋，司馬光《易說》云：「非夫信義著明（釋有孚），道德光大（釋光），則不能以亨也；居正待時（釋貞），

然後吉也。」則以「有孚、光，亨，」絕句，「貞，吉。」絕句。朱熹《易本
義》：「有所待（釋需），而能有信（釋有孚），則光亨（光明亨通也）矣，若
又得正（釋貞），則吉。」則以「有孚，光亨；」絕句，「貞，吉。」絕句。
綜上諸家，似張譏於「光」絕句，後世唯司馬光《易說》與之近。倘司馬光
之說，即本張譏歟，或賢者之見，固多相同歟：不得確知也。

 艮下
坤上　**謙**

六五，不富以其鄰，利用侵伐，无不利。

《講疏》：葛伯仇餉，湯往伐之，是也。（口訣義引張氏云，黃輯之，馬未輯。）

案：《口訣義》：「六五為謙之君，教化大行，下既行謙。人自富貴，故不假以財物
　　賙贍於鄰，故曰不富以其鄰。身既謙卑，不妄加討伐，若有驕逆不行此道者，
　　故用誅伐，故云利用侵伐，无不利。張氏云：『葛伯仇餉，湯往伐之。是也。』」
　　張氏之例證，恰當之至。

巽下
艮上　**蠱**

象曰：山下有風，蠱，君子以振民育德。

《講疏》：振音真，振振，仁厚也。（釋文引師讀。馬輯之，黃不輯。）

案：《集韻》平聲十七真有「振」，音真，注云：「振振，盛也，奮也，厚也。」是
　　振字於中古有音真訓厚者，張譏本之說「振民」之義，與弼《注》訓「濟民」
　　而音賑者異。

周易下經

艮下
乾上　**遯**

六二，執之用黃牛之革，莫之勝說。

《講疏》：說，如字；解說也。（釋文引王肅，又謂師同。馬氏輯「如字」未
輯「解說也」；黃氏則二者皆未輯入。）

案：張譏此義，同於王肅，宋程頤作《易傳》，即遵用之。與《集解》引虞翻及王

弼《易注》「解脫」義異。詳見王肅章。

☷ 兌下
艮上 損

象曰：

曷之用二簋可用享，二簋應有時。

《講疏》：應，如字。（釋文：「應，師如字，舊應對之應。」馬氏輯同，黃氏不輯之。）

案：應字之義，或以爲應對之應，或以爲應當之應。《集解》引虞翻云：「艮爲時，震爲應，故應有時也。」是以應多應對之應也。伊川《易傳》曰：「二簋之質，用之當有時，非其所用而用之，不可也。」是以應爲應當之應也。《釋文》謂師讀如字，其義則未詳言之，觀伊川《易傳》，可知張譏釋應之大概也。大抵虞《易》論象，故以應對釋之；張《易》言理，故以應當釋之。程《易》亦言理，故所言每與張譏同也。

☷ 坤下
兌上 萃

象曰：澤上於地，萃；君子以除戎器，戒不虞。

《講疏》：除猶脩治。（釋文引王肅、姚、陸，謂「師同」。馬氏輯，黃不輯。）

案：張譏之講疏蓋從王肅易注，於易最妥，已見王肅章，此不贅。

☷ 巽下
坤上 升

象曰：地中生木，升，君子以慎德，積小以高大。（慎德，今本作順德。釋文：「順德，如字，王肅同。本又作慎，師同。姚本德作得。」馬輯黃未輯。）

案：「慎」，《釋文》引王肅，《集解》引虞翻，以及王弼《注》本皆作「順」。《釋文》又云：「本又作慎，師同。」是張譏作「慎」，其義則未詳言也。李富孫《易經·異文釋》：「梁時諱順（梁武帝蕭衍父呂順之。）作慎，或有爲蕭梁經師所改易。」《口訣義》曰：「何妥云：『君子謹習爲先，修習道德，積其微小，以至高大。』案此之義，順字恐當爲慎也。」則作「慎」者，固不乏人，義亦可通也。參閱王肅《周易注》章。

☶ 巽下
坎上　井

《講疏》：井以清絜爲義。（釋文引師說，馬氏輯同，黃不輯。）

案：井養而不窮（井彖辭），故改邑不改井（井卦辭）王弼注本之曰：「井以不變
　　爲德者也。」周弘正《講疏》承之，亦以：「井以不變更爲義。」張譏受業於
　　周氏，復益以「清絜」之義。其後史徵作《口訣義》：云：「井以潔靜爲義也。
　　邑，民產也。其屋遷移，井體不改，亦猶人之常德，改過不吝，德行有恒……
　　往者來者，皆汲引之，而不以貴賤汲引，改其清潔之性也。」即用張譏之說
　　也。

繫辭傳

一陰一陽之謂道；繼之者，善也；成之者，性也。仁者見之謂之仁；
知者見之謂之知。百姓日用而不知，故君子之道鮮矣。

《講疏》：鮮，盡也。（釋文引師說，馬氏輯同，黃氏不輯。）

案：鮮，《釋文》引鄭作「尠」，又引馬、鄭、王肅云「少也」。是諸儒皆以「鮮」
　　爲「尠少」義。多少爲相對之詞；完盡爲絕對之詞，言少，則百姓雖不知，
　　君子猶知之；言盡，則天下無分君子百姓，皆無知之者矣。張譏釋鮮爲盡，
　　於義恐非。

慎斯術也以往。

《講疏》：用義。（釋文引師說，馬氏輯之，黃不輯。）

案：《釋文》云：「慎，時震反，鄭、干同；不本作順。師用（阮刻十三經注疏所
　　附《釋文》作「明」）義，鄭云術道。」「師用義」之意不明，姑闕之。

古之聰明睿知神武而不殺者夫。

《講疏》：殺，所戒反。（釋文引馬鄭王肅干「殺」所戒反，謂師同。馬氏輯之，
黃未輯。）

案：此張譏從馬融、鄭玄、王肅、干寶也。已詳王肅章。

易之爲書也不可遠。

《講疏》：遠，讀如字。（釋文引師說，馬氏輯之，黃氏不輯。）

案：《釋文》云：「遠，馬、王肅、韓，袁萬反，注皆同，師讀如字。」考《廣韵》
去聲二十五願有遠字，離也，于願切；即《釋文》袁万反之音也。《廣韵》上
聲二十阮有遠字，遙遠也，雲阮切；即《釋文》讀如字之音也。諸家釋遠，
多用離義。如韓康伯《繫辭注》曰：「擬議而動，不可遠也。」《集解》引侯
果曰：「居則觀象，動則玩占，故不可遠也。」司馬光《易說》曰：「道不可
須臾離。」皆以遠爲遠離，讀去聲。《蘇氏易傳》：「其書可以指見口授，不當
遠索於文辭之外也，其道則遠矣。」朱震《漢上易傳》：「《易》之爲書，明天
地之用，其用不過乎六爻，不可遠也；遠此而求之，則違道遠矣。」皆以遠
爲遙遠，讀如字。張譏讀遠如字，其詳未聞，或與東坡、漢上之說近也。

噫！亦要存亡吉凶，則居可知矣。

《講疏》：居，如字，處也。（釋文引師音同，馬氏輯之，黃氏不輯。）

案：《釋文》：「居，馬如字，處也；師音同。鄭、王肅音基，辭。」考《廣韵》上
平九魚：「居，當也，處也，安也，九魚切。」此讀如字之音也。《集解》引
虞翻曰：「謂知存知亡要終者也。居乾吉則存；居坤凶則亡。故曰居可知也。」
即用居如子之音義。又《廣韵》上平七之：「居，語助，居之切。」此《釋文》
音基者也。《正義》云：「噫者，發聲之辭。卦爻雖衆，意義必在其中爻。噫
乎發歎，要定或此卦存之與亡，吉之與凶，但觀其中爻，則居然可知矣。」
即用居爲語辭，讀如基。張譏讀居如字，是同於馬融、虞翻；異乎鄭玄、王
肅也。

知者觀其彖辭。

《講疏》：彖辭，通謂爻卦之辭也。（釋文引師說。馬輯黃未輯。）

案：《釋文》云：「馬云：彖辭，卦辭也。鄭云：爻辭也，周同，王肅云：彖舉象
之要也。師說通謂爻卦之辭也。」張氏乃綜合衆儒之義以成己義者也。考《繫
辭》言彖者凡四，皆指卦辭，已見王肅章，不贅。

說　卦

參天兩地而倚數。

《講疏》：以三中含兩，有一以包兩之義，明天有包地之德，陽有包陰
之道。故天舉其多，地言其少也。（正義引張氏曰，馬氏輯之，黃不輯。）

案：此本韓康伯《繫辭注》而疏之也。韓《注》云：「參，奇也；兩，耦也。七九
　　陽數；六八陰數。」《正義》扶韓之說，云：「何以參兩爲目奇耦者，蓋古之
　　奇耦，亦以三兩言之。且以兩爲耦數之始，三是奇數之初故也。不以一目奇
　　者，……」下即引張氏云以證成其義。則張譏之說，同於韓氏，爲《正義》
　　所采。又馬融、鄭玄、王肅、虞翻之注，並與韓異，已見於王肅章，此不贅。

第二十四章　北魏・劉昞：《周易注》

第一節　撰　人

　　劉昞，字延明，敦煌人也。父寶，字子玉，以儒學稱，昞年十四，就博士郭瑀（亦敦煌人，著有春秋墨說、孝經錯緯，晉書卷九十四有傳）學，時瑀弟子五百餘人（瑀傳云：「弟子著錄千餘人」又云：「太守辛章遣書生三百人就受業焉」），通經業者八十餘人。瑀有女，始笄，妙選良偶，有心於昞，遂以妻之。昞後隱居酒泉，不應州郡之命，弟子受業者五百餘人。西涼武昭王李暠（西涼於西元405年建國，420年亡。李暠，漢族人，魏書卷九十九有傳）徵爲儒林祭酒，從事中郎。暠好尙文典，書史穿落者，親自補治。昞時侍側，前請代暠，暠曰：「躬自執者，欲人重此典籍。吾與卿相值，何異孔明之會玄德！」遷撫夷護軍，雖有政務，手不釋卷。暠曰：「卿注記篇籍，以燭繼晝，白日且然，夜可休息。」昞曰：「『朝聞道，夕死可矣（論語里仁篇語）』『不知老之將至（論語述而篇）』孔聖稱焉。昞何人斯，敢不如此。」北涼武宣王沮渠蒙遜（北涼於西元397年建國，439年亡。蒙遜，匈奴人，魏書卷九十九、北史卷九十三有傳）平酒泉（魏明元帝泰常五年，西元420年），拜秘書郎，專管注記，築陸沈觀於西苑，躬往禮焉，號玄處先生，學徒數百，月致羊酒。北涼河西王牧健（蒙遜第三子，魏太武帝延和二年，西元433年，蒙遜亡，牧健立，魏書、北史皆附有蒙遜傳）尊爲國師，親自致拜，命官屬皆北面受業焉。時同郡索敞（嘗撰喪服要記，見魏書卷五十二、南史卷三十四）、陰興（敞傳附述其鄉人陰世隆事，謂與文才相友，世隆疑即興之字也）爲助教，並以文學見舉，每巾衣而入。魏世祖太武帝拓跋燾（北魏於西元386年建國，440年統一北方，535年分爲東西魏，東魏亡於550年，西魏亡於557年。拓跋燾，見

魏書帝紀及北史魏本紀）平涼州（太武帝太延五年，西元 439 年），士民東遷，夙聞其名，拜樂平王從事中郎。世祖詔諸年七十以上聽留本鄉，一子扶養。昞時老矣，在姑臧歲余，思鄉而返，至涼州西四百里菲穀窟，遇疾而卒（依上文歲餘計之，當在魏太武帝太平眞君二年，西元 441 年，昞時年已七十以上）。《魏書》卷五十二，《北史》卷三十四有傳（爲本文所據）著有《三史略記》百三十篇，八十四卷（隋志未著錄，亡），《涼書》十卷（隋志未著錄，亡）、《敦煌實錄》二十卷（隋志未著錄。說郭有劉昞敦煌新錄一卷，清人湯球亦輯有敦煌實錄一卷，在廣雅書局叢書中）、《方言》三卷（隋志未著錄，亡）、《靖恭堂銘》一卷（隋志未著錄，亡）。注《周易》、《韓子》（隋志未著錄，亡）、《人物志》（隋志未著錄昞注，今存，漢魏叢書，墨海金壺，守山閣叢書、畿輔叢書，玲瓏山館叢書，龍谿精舍叢書皆收之）、《黃石公三略》（隋志未著錄，亡）。

第二節　考　證

劉昞之著作，《隋志》一無著錄。蓋昞處涼州，國小地僻，且時值分崩，南北隔絕，梁時阮孝緒作《七錄》，殆未見昞之書，是以失載。《隋志》承之，故亦無著錄也。其書唐時猶在，陸德明撰《經典釋文》，引其一條（馬國翰黃奭並輯錄之）。《豐》初九雖旬作鈞，與王弼、陸德明作旬訓均，暨荀爽作均，義並相近；而與鄭玄、虞翻訓旬爲十日者異。殘篇斷簡，僅此而已。

第三節　佚　文

周易下經

☲離下
☳震上　豐

初九，遇其配主，雖鈞无咎，往有尚。

象曰：雖鈞无咎，過鈞災也。（釋文：「旬，如字，均也。王肅尚純反。或音旬。荀作均，劉昞作鈞。」黃氏馬氏皆僅輯爻辭「雖鈞」條，象「雖鈞」「過鈞」未輯。）

案：雖鈞，過鈞之「鈞」，弼本作「旬」，注云：「旬，均也，雖均无咎，往有尚也，

初四俱陽爻，故曰均也。」《釋文》載其異文凡三，如字一也，作均二也，作鈞三也。本字當爲均字；旬、鈞皆假借也。《說文通訓定聲》云旬假借爲均，舉《詩・桑柔》：「其下侯旬。」傳：「言陰均也。」等例以證。又云鈞假借爲均，舉《史記・鄒陽傳》：「獨化於陶鈞之上。」等例爲證，是古籍有旬鈞假借爲均之例也。劉昞作鈞，義與荀爽作均，王弼、陸德明作旬訓均並近。又考《詩・有客》，《正義》引鄭玄《周易注》云：「初修禮上朝四，四以匹敵思厚待之，雖留十日不爲咎。」《集解》引虞翻曰：「謂四失位，變成《坤》應初，《坤》數十；四上之五成《离》，《离》爲日。」並以十日爲旬，劉昞不從也。

第二十五章　北魏・姚規：《周易注》

第一節　撰　人

　　姚規，生卒爵里並不詳。馬國翰以《隋書・經籍志》繫《姚注》於梁、何胤、伏曼容、朱异之下，斷爲「齊、梁間人」；說見《玉函山房輯佚書・周易・姚氏注輯本序》。姚振宗以《隋志》編次，別集一類，亦以梁後次北魏、北齊、北周，以迄陳、隋。又於北朝人書多不著其時代爵里。謂《隋志》經部《周易》類姚氏以下四家（姚規、崔瑾、傅氏、盧氏），次梁人之後，皆後魏、北齊人也。說見《隋書經籍志考證》。姚說後出，較馬爲長。唯盧氏已知爲北魏盧景裕（說見盧氏周易注章），則姚、崔、傅次盧前者，不得爲北齊人，故斷其爲北魏人。關於撰人，所得知者，唯此而已。

第二節　考　證

　　《隋書・經籍志》有《周易》七卷，姚規注；《唐志》不著錄，蓋亡佚已久。李鼎祚《集解》引其一節，馬國翰、黃奭並輯之。觀其言大有☲卦三四五爻互體爲兌（互體說已詳干寶章），蓋頗明易象者也。

第三節　佚　文

周易上經

　　☲ 乾下
離上　大有。亨

《注》：互體有兌，兌為澤，位在秋也，乾則施生，澤則疏潤，離則長茂，秋則成收，大富有也。大有則元亨矣。（集解引姚規曰、馬氏黃氏輯同。）

案：《大有》之卦，《乾》下《離》上，《集解》引鄭玄曰：「六五體離，處《乾》之上，猶大臣有聖明之德，代君為政，處其位有其事而理之也。元亨者，又能長群臣以善，使嘉會禮通，若周公攝政，朝諸侯于明堂是也。」據象言理，引事證義，探驪得珠，最切《易》旨。姚規以《大有》三至五互《兌》；復以《說卦》「《兌》為澤」而言為澤；再以《說卦》「《兌》正秋也」而言在秋；於是推之，乃生「澤則流潤」「秋則成收」之義：已嫌牽引附會。虞翻更以旁通為說（集解引虞翻曰：「與比旁通，柔得尊位大中，應天而時行，故元亨也。」案：旁通者，謂兩卦相比，爻體互異，比陽則彼陰，此陰則彼陽，兩兩相通也。比䷇卦集解引虞翻曰：「與大有旁通。」是比、大有爻體互異故也）。舍本卦之象不言，而以他卦之象言之，誠舍本逐末，而易象大亂矣。

第二十六章　北魏・崔覲：《周易注》十三卷

第一節　撰　人

　　崔覲，時代爵里並不詳。《隋書・經籍志》著錄《周易》十三卷，崔覲注，次梁、何胤及姚規（詳姚規節）下；又有《周易統例》十三卷，崔覲撰，次南齊、周顒及范氏下。《唐書・經籍志》及《唐書・藝文志》並著錄崔覲《周易注》十三卷。考《北齊書》卷四十四〈儒林列傳序〉云：「經學諸生多出自魏末大儒徐遵明門下，河北講鄭康成所注《周易》，遵明以傳盧景裕及清河崔瑾。」馬國翰《玉函山房輯佚書》輯崔氏《易注》序云：「覲、瑾音同，或一人而傳寫各異與？」姚振宗以《隋志》次姚規、崔覲、傅氏、盧氏四家於梁人之後，皆後魏、北齊人也（詳見姚規章）。則崔覲爲崔瑾，其時代亦相合也。

第二節　考　證

　　《隋書・經籍志》有《周易》十三卷，崔覲注，兩《唐志》著錄卷數同，是唐時其書尚存。孔穎達《正義》、李鼎祚《集解》，各引其一節。馬國翰、黃奭並輯之。孔氏所引，崔覲同劉瓛用鄭玄《易贊》及《易論》之義；李氏所引，崔覲以《乾》不雜爲純，亦本鄭玄《乾》純陽至健之義。崔覲《易》注，似本鄭玄。《北齊書・儒林列傳》謂「河北講鄭康成所注《周易》，遵明以傳盧景裕及清河崔瑾。」覲之與瑾，時代既同，師法又一，其爲一人，誠有可能。

第三節　佚　文

周易上經

《注》：易者，謂生生之德，有易簡之義；不易者，天地定位，不可相易；變易者，謂生生之道，變而相續。（孔穎達正義序引崔覲、劉貞簡。黃氏逸書考所輯崔覲易同，馬氏所輯，下更有「皆以緯稱不煩不擾，澹泊不失，此明是易簡之義，無爲之道。」蓋：孔氏語誤攔作崔、劉言也）

案：《易》一名而含三義，《易緯·乾鑿度》初言之；鄭玄作《易贊》及《易論》依用之；而其實皆本於《繫辭》。詳已見劉瓛章佚文節首條，茲不贅。鄭學行於北朝，故崔覲言《易》有三義，同於鄭玄也。

 乾下 乾上 **乾**

文言曰：

大哉乾乎，剛健中正，純粹精也。

《注》：不雜曰純，不變曰粹，言乾是純粹之精，故有剛健中正之四德也。（集解引崔覲曰、馬氏黃氏輯同。）

案：鄭玄注《繫辭》「夫乾天下之至健也。」云：「乾，純陽也，爲天下之至健。」崔云：「不雜曰純」猶鄭「乾純陽也」之意。崔又云「不變曰粹」，是以《乾》卦爲不變矣，然則崔覲意他卦或有變乎？惜遺文不足，不得論定也。

第二十七章　北魏・傅氏：《周易注》

第一節　撰　人

傅氏，字號爵里時代並不詳，馬國翰以爲「殆亦齊、梁間作者」，姚振宗則以爲與姚規、崔覲、盧氏，皆「後魏、北齊人」也。茲斷定其爲北魏人，以其次於北魏人盧景裕前故也。

第二節　考　證

《隋書・經籍志》著錄：「《周易》十三卷，傅氏注。」《唐書・經籍志》有：「《周易》十四卷，傅氏注。」《唐書・藝文志》有：「《周易》傅氏注，十四卷。」兩《唐志》書名撰人與《隋志》同，而卷數多一卷，或所多爲目錄。其注今佚，陸德明《釋文》引其三節。馬國翰、黃奭並輯之。其二以古今字爲釋；其一則文字與今本異。傅氏或治小學者，故以文字爲訓詁乎？其說與諸儒異，亦足見其特出也。

第三節　佚　文

周易上經

☷☰ 乾下 坤上 **泰**

初九，拔茅茹以其彙征吉。

《注》：彙，古偉字，美也。（釋文引傅氏曰。馬氏黃氏輯同。）

案：《說文》希部：「彙，蟲似豪豬者，從希，胃省聲（于貴切）。蝟，或從蟲。」是彙之本義爲蝟。傅氏謂：彙古偉字，美也。其實彙假借爲偉，故有美盛之意。《說文通訓定聲》：「《易》、《泰》、《否》『以其彙』，《釋文》『美也』則謂借爲偉。〈吳都賦〉『薑彙非一』，〈幽通賦〉『柯葉彙而零茂』，《漢書敘傳注》『彙，盛也。』」是彙假借爲偉而訓美盛之證。彙、于貴切，偉、于鬼切；古聲皆屬匣紐（喻三古歸匣），古韻皆在十五部（依段玉裁古韻十七部之說）：是古音同而得假借也。《釋文》除引傅氏注外，又云：「彙，音胃，類也。李丁鬼反。……古文作胄。董作夤，出也；鄭云：勤也。」以彙音胃訓類，此荀爽、虞翻、王弼說（荀爽、虞翻說見集解引；王弼說見周易注），蓋以彙爲會之假借（見說文彙篆下段氏注）也。以彙古文作胄，胄爲彙字異體（見集韻，又見說文彙篆下段注）《說文》米部：「彙，艸木彙孛之貌。」則亦美盛之意。以彙當作夤，此鄭玄、董遇之說，唯鄭訓勤，董訓出，又不甚同。綜上所述，諸儒釋彙，言人人殊；傅氏訓美，亦其獨得之見也。

離下
艮上　賁

《注》：賁，古斑字，文章貌。（釋文引傅氏曰。馬氏黃氏輯同。）

案：《說文》文部：「辡，駁文也；從文，辡聲。」段玉裁注：「辡之字多或體，《易》卦之賁字，〈上林賦〉之斒字，《史記》璸斒，《漢書》、《文選》玢、璘，俗用之斑字，皆是。」是賁爲辡之或體，斑爲辡之俗字。故傅氏謂賁古斑字也。《周易·序卦》：「賁者，飾也。」《賁·彖》曰：「賁，亨，柔來而文剛。」《釋文》：「賁，鄭云：變也，文飾之貌；王肅：符文反，云有文飾黃白色。」傅氏以賁爲文章貌，於《易傳》有徵，且與鄭玄王肅之義合。

周易下經

坤下
兌上　萃

初六，有孚不終，乃亂乃萃，若號，一握爲笑，勿恤，往无咎。

《注》：握當作渥。（釋文引傅氏曰。馬氏黃氏亦輯。）

案：「一握爲笑」之握，異讀凡三。一、讀如字。虞翻以互體說之，云：「艮爲手
　　（萃二至四互艮），初稱一，故一握。」（見集解），王弼則以「一握者，小之
　　貌也。」（見周易注）。二、讀如屋。《釋文》：「鄭玄云：握讀爲夫三爲屋之屋，
　　蜀才同。」「夫三爲屋」見於《周禮‧地官‧小司徒》注引《司馬法》曰：「六
　　尺爲步，步百爲畮，畮百爲夫，夫三爲屋，屋三爲井。」惠棟據鄭玄、蜀才
　　之說而推衍，《周易述》乃云：「一屋謂坤三爻。」三、當作渥。傅氏之說也。
　　《說文》水部：「渥，霑也。」《鼎》九四爻辭：「其形渥。」王弼《注》：「渥，
　　沾濡之貌也。」《釋文》：「渥，沾也。」《詩‧邶風‧簡兮》：「赫如渥赭。」
　　傳：「渥，厚漬也。」是渥有霑濡浸漬之義。馬國翰《目耕帖》卷四遂以「當
　　是謂一染於不善，爲眾所笑也。」釋「一握爲笑」，義或然。焦循《易章句》
　　亦以「一握爲笑」之握與渥同。

第二十八章　北魏・盧氏：《周易注》

第一節　撰　人

　　盧景裕，字仲孺，小字白頭（北魏楊衒之洛陽伽藍記卷一景林寺條云：「盧白頭，一字景裕。」非，茲從魏書及北史本傳），范陽、涿（今河北涿縣）人也。少敏，專經爲學。性愛清靜，邱園放敖。弊衣麄食，恬然自安。居拒馬河，將一老婢作食，妻子不自隨從。又避地大寧山，不營世事。居無二業，唯在注解。其叔父同（字叔倫，魏驃騎將軍，封章武縣伯。魏書卷七十六、北史卷三十有傳）職居顯要，而景裕止於園舍，情均郊野，謙恭守道，貞素自得，由是世號居士。元顥（北魏孝文帝弟北海王元詳之子，北魏爾朱榮亂，顥借梁蕭衍兵入洛，旋被爾朱榮所敗，死。魏書卷二十一、北史卷十九有傳）入洛（北魏孝莊帝永安二年，西元 529 年也），以爲中書郎。北魏前廢帝（南史作「節閔」，同，此從魏書。西元 531 年爾朱世隆所立，次年爲高歡所廢）初，除國子博士，參議正聲，甚見親遇，待以不臣之禮。永熙（北魏孝武帝年號。西元 532 年。高歡所立，三年帝奔長安，宇文泰弒之）初，以例解。天平（東魏孝靜帝年號，凡四年，西元 534～537 年，帝亦高歡所立）中，還鄉里。與邢子才（名邵，子才其字也。北齊書卷三十六，北史卷四十三有傳）、魏季景（魏收從叔，北史卷五十六有傳）、魏收（著有魏書。北齊書卷三十七、北史卷五十六有傳）、邢昕（魏書卷八十五，北史卷四十三有傳）等同徵赴鄴，景裕寓托僧寺，講聽不已。未幾歸本郡。河間邢摩納與景裕從兄仲禮據鄉抗高歡（魏書孝靜紀天平四年〔西元 537 年〕載：「河間人邢摩納，范陽人盧仲禮等，各聚衆反」），以應元寶炬（西魏文帝宇文泰所立）脅景裕從，高歡（時爲東魏相，生平見北齊書及北史本紀）命都督賀拔仁討平之（魏書孝靜

紀元象元年〔西元 538 年〕載：「大都督賀拔仁擊邢摩納盧仲禮等，破平之」）。俘景裕，繫晉陽獄。聞景裕經明行著，驛馬特徵，使教諸子，在館十日一歸家，隨以鼎食。景裕風儀言行，雅見嗟賞。先是景裕注《周易》、《尚書》、《孝經》、《論語》、《禮記》、《老子》，其《毛詩》、《春秋左氏》未訖（洛陽伽藍記謂景裕「學極六經疏通百氏」信然）。高澄（高歡長子，生平見齊書及北史本紀）攝吏部尚書（魏書及北史盧景裕傳皆作「齊文襄入相」，文襄王即澄也。考高歡死，澄繼爲相，此時歡未死，澄實未爲相也。茲據北齊書及北史本紀訂作「攝吏部尚書」），於第開講，招延時俊（北齊書文襄紀略云：「元象元年，攝吏部尚書，才名之士，咸被薦擢，假有未居顯位者，皆致之門下，以爲賓客，每山園遊燕，必見招攜，執射賦詩，各盡所長。」景裕之講周易，當在此時），令景裕解所注《易》，景裕理義精微，吐發閑雅，時有問難，或相詆訶，大聲厲色，言至不遜。而景裕神彩儼然，風誦（翁方綱經義考補正卷一：「誦當作調」）如一，從容往復，無際可尋。由是士君子嗟美之。興和（東魏孝靜帝年號，凡四年，西元 539 年～542 年）補齊王（高歡）開府屬，卒於晉陽。高歡悼惜之。《魏書》入〈儒林傳〉（卷八十四），《北史》則與其族人盧玄盧柔盧觀盧同盧誕等同傳（卷三十本傳即綜二史之傳而成）。景裕《易》受自魏末大儒徐遵明（北齊書儒林列傳：「經學諸生多出自魏末大儒徐遵明門下，河北講鄭康成所注周易遵明以傳盧景裕及清河崔瑾。」又見北史）。傳權會（生平詳北齊書及北史儒林列傳）、郭茂（北齊書儒林列傳作：「傳權會，權會傳郭茂。」是郭茂爲景裕再傳弟子，然下文又云：「郭茂恒在門下。」則郭茂又親受業於景裕，或茂先從權會，及權會入都，又徑從景裕問學。北史刪「權會傳」三字，茲從之）權會早入京都，郭茂恒在門下教授，其後能言《易》者多出郭茂之門，而景裕所注《易》亦大行於世。景裕又好釋氏，通其大義，天竺胡沙門道俙每譯諸經論，輒托景裕爲之序云。

第二節　考　證

《隋書・經籍志》著錄《周易》一帙十卷（姚振宗隋志考證：「按先載帙數，後記卷數，此七錄例也。本志削帙數，存卷數，得事要矣，此題云一帙，蓋沿阮氏舊例而刪除不盡者」），盧氏注。兩《唐志》亦載《周易盧氏注》十卷，其名字爵里，《隋》、《唐志》並未詳。考《魏書・儒林・盧景裕傳》一則云：「盧景裕，專精爲學。」再則云：「先是景裕注《周易》，齊文襄王入相（「入相」當作「攝吏部尚書」，說在撰人節），於第開講，招延時儁，令景裕解所注《易》。」又云：「景

裕雖不聚徒教授，所注《易》，大行於世。」（洛陽伽藍記亦云：「盧白頭，一字景裕，范陽人也，性愛恬靜，邱園放教，學極六經，疏通百氏，普泰初起家爲國子博士，雖在朱門，以注述爲事。注周易，行於世也」）歷城馬國翰即據《魏書》，於《玉函山房輯佚書・周易盧氏注輯本序》論之云：「由此觀之，則盧氏注《易》，審爲景裕矣。乃《隋》、《唐志》佚其名者，蓋由蕭梁之代，南北分疆，故《七錄》所記。詳南而略北，《隋志》本《七錄》，《唐志》因之，故多缺亡耳。」然馬氏「不敢直標其名，仍題盧氏，闕疑也。」蓋審慎之義。績溪胡秉虔作《卦本圖考》，亦以盧氏「或云北魏國子博士盧景裕。」茲標《盧氏周易注》者，遵《隋志》而從馬氏也。

　　盧氏《周易注》，《宋志》已失錄，或其時已佚。馬國翰嘗自李鼎祚《周易集解》輯得十九條，自孔穎達《周易正義》輯得一條，錄爲一卷。而《集解》《大有》九二《象辭》引盧氏一條，偶漏未輯。黃奭《逸書考》有此一條，是也。茲檢核《集解》原文補焉。

　　盧氏之注《周易》，有採消息之說者，如《剝》，《注》云：「此本《乾》卦，群陰剝陽，故名爲剝也。」有採卦變之說者，如《噬嗑》，《注》云：「此本《否》卦《乾》之九五分降《坤》初；《坤》之初六分升《乾》五。」《渙》，《注》云：「此本《否》卦《乾》之九四來居《坤》中……《坤》之六二上升《乾》四。」《節》，《注》云：「此本《泰》卦，分《乾》九三上升《坤》五；分《坤》六五下處《乾》三。」有采互體之說者，如《賁》，《注》云：「有坎之水以自潤。」是互《賁》䷕之二三四爻體爲坎；《渙》，《注》云：「互體有艮，艮爲山丘。」是互《渙》䷺之三四五爻體爲艮也。考消息之義，《彖》傳已萌其端。如《剝》，《彖》曰：「柔變剛」，即陰消《乾》也；《夬》，《彖》曰：「剛決柔」，即陽息《坤》也。荀爽、虞翻、干寶用以釋經傳。卦變之說，《繫辭》首發其覆。所謂「爲道也屢遷，變動不居，周流六虛，上下无常，剛柔相易。」是也。虞翻、蜀才以之推卦之所由來。互體之說，爻象多取之。如《泰》六五「帝乙《歸妹》」，謂《泰》䷊之二三四爻互《兌》，三四五爻互《震》，《兌》下《震》上，即《歸妹》䷵也。京房、鄭玄、虞翻採之以說《易》象。然則盧氏之以消息、卦變、互體說《易》，似同乎荀爽、虞翻、蜀才諸家矣。馬國翰且以爲「其說《易》爻用升降，與蜀才略相似，大抵宗荀氏之學者」矣。細考之則又不然也。何以言之？盧氏之注《易》，非不得已，不以象數爲釋。如《需》卦《注》，以「沈湎則凶，中正則吉。」釋九五《象辭》「酒食貞吉以中正也」，不采荀氏升降說（集解引荀爽曰：「雲須時欲降，乾須時當升。五有剛德，處中居正，故能帥群陰。舉坎以降，陽能正居其所，則吉，故

曰需於酒食也。」詳佚文節）；《訟》卦《注》，由象辭「險而健訟」推出「險而健者恒好爭訟」，不採荀爽、虞翻、蜀才（皆以爲避三之二，詳佚文）卦變說；《既濟注》，盧氏純依字義以釋六四爻辭，不採虞翻卦變（泰乾二之五）互體（二至四爻互體爲坎，皆詳佚文）說：皆足以證。且盧氏之說消息，僅《剝注》一見，實本象傳；之說卦變，悉三陰三陽之卦，皆是正例（義詳佚文節）；之說互體，限於二至四互一體，或三至五互一體：由是觀之，其與荀爽、虞翻、蜀才務於穿鑿，輾轉相益，以致矛盾齟齬者，旨趣大異。若以盧氏偶採消息、卦變、互體之說而列爲荀虞象數一派；則程頤謂《剝》以「群陰消剝於陽故爲剝一，用消息說；王弼謂《渙》「二以剛來而不窮於險，曰以柔得位乎外而與上同。」用卦變說，王弼、程頤亦可列爲荀、虞象數一派矣！果可乎？

綜觀盧氏注《易》，大抵以義爲重，並多引經注經。如《坤卦辭注》云：「《坤》，臣道也，妻道也。」此暗引《坤・文言》也。《坤》六四《象辭注》云：「慎言則无咎也。」，此用《繫辭》「亂之所生也則言語以爲階」之旨也。《需》九五《象辭注》云：「沈湎則凶中正則吉也。」，此本《尚書・酒誥》「罔敢湎于酒」之古訓也。《履》上九《象辭》注云：「王者履禮於上，則萬方有慶於下。」，此以《履》卦《兌》下《乾》上，而遵《說卦》「《乾》爲君」「兌，說也。」之說也。《既濟》九五《象辭》注云：「明鬼享德，不享味也，故德厚者，吉大來也。」，此用《尚書・君陳》「至治馨香，感于神明。黍稷非馨，明德惟馨。」之意，與周弘正釋萃「王假有廟」，曰：「鬼神享德，不在食也。」之意暗合也。《序卦》注云：「物之始生故屯難。」此同《屯》卦《象辭》「屯，剛柔始交而難生。」之傳也。盧氏注經，每以《易》注《易》，貫通全經；或用他經意，以發《易》旨，率類此也。

尤堪玩味者，盧氏注頗有意近王弼，而《伊川易傳》，亦多與《盧注》暗合。如《訟》卦初六《象辭》，王氏《注》云：「四召而應，見犯乃訟，處訟之始，不爲訟先。雖不能不訟而了，訟必辯明矣。」，盧氏《注》云：「初欲應四，而二據之，暫爭，事不至永，雖有小訟，訟必辯明，故終吉。」；《師》六三《象辭》，王氏《注》云：「以陰處陽，以柔乘剛，進則无應，退无所守，以此用師，宜獲輿屍之凶。」，盧氏《注》云：「失位乘剛，內外无應，以此帥師，師必大敗，故有輿屍之凶，功業大喪也。」又《渙》卦、王氏盧氏並以卦變說之，（已見上文，此不復贅）：皆似一鼻孔出氣。又《訟》卦《象辭》，盧氏注云：「險而健者恒好爭訟。」，程氏《傳》云：「險健相接，內險外健，皆所以爲訟也。若健而不險，不生訟也；險而不健，不能訟也，險而又健，是以訟也。」《剝》卦《象辭》，盧氏《注》云：「山高絕于地，今附地者，明被剝也。屬地時也，君當厚錫于下，賢當卑降于愚，

然後得安其居。」，程氏《傳》云：「山高起於地，而反附著於地，圮剝之象也。上謂人君與居人上者，觀《剝》之象，而厚固其下，以安其居也。」（又剝卦象辭，盧注程傳，並以消息說之，已見上文，此不復贅）：亦意多相合。盧氏注《易》，固有與王弼義近，而伊川與之同意者也。

　　然盧氏《易注》，有頗不可解者：則《大有注》云：「《乾》為大車」，《大畜注》云：「《乾》為輿」是也。考《說卦》云：「《坤》為大輿」，遍閱《周易》，未有「《乾》為大車為輿」之說，姑志於此，以俟達者。

第三節　佚　文

周易上經

坤下
坤上
坤。元、亨、利牝馬之貞。君子有攸往，先迷；後得主利。

案：或以「先迷後得」句，「主利句」。此依盧注句讀。

《注》：坤，臣道也，妻道也。後而不先，先則迷失道矣。故曰：先迷。陰以陽為主，當後而順之，則利。故曰：後得主利。（集解引虞氏曰。馬氏黃氏輯同。）

案：《坤・文言》曰：「陰雖有美，含之以從王事，弗敢成也。地道也；妻道也；臣道也。」盧氏注《坤》卦辭，用《坤・文言》義而引申之，此以經釋經也。《正義》：「以其至柔，當待唱而後和。凡有所為，若在物之先，即迷惑；若在物之後，即得主利。以陰不可以先唱，猶臣不可以先君，卑不可以先尊故也。」意同於盧《注》。

六四，括囊，无咎，无譽。

象曰：括囊无咎，慎不害也。

《注》：慎言則无咎也。（集解引盧氏曰。馬氏黃氏輯同。）

案：括囊，謂閉結囊口（集解引虞翻曰：「括，結也。」周易口訣義同。王弼周易注：「括結否閉。」程頤周易傳：「括結囊口」），故盧氏以慎言釋之。《繫辭》

上：「子曰：亂之所生也，則言語以爲階。君不密則失臣，臣不密則失身；幾事不密則害成：是以君子愼密而不出也。」盧注之義，頗合《繫》旨。

☲ 乾下
坎上 需

九五，需於酒食，貞吉。

象曰：酒食貞吉，以中正也。

《注》：沈湎則凶，中正則吉也。（集解引盧氏曰。馬氏黄氏輯同。）

案：《集解》引荀爽曰：「雲須時欲降，乾須時當升。五有剛德，處中居正，故能帥群陰。舉坎以降，陽能正居其所，則吉，故曰需於酒食也。」又引《九家易》曰：「謂《乾》二當升五，正位者也。」是以升降說之。升降之說，始于荀爽（九家易即宗荀氏，說詳伏曼容章考證節）。其說：凡陽在下者，當上升於五，陰在五者，當降居於陽所遣之位。多存於《集解》所引：《復‧象傳》《集解》引荀爽曰：「利往居五。」《復》五爻皆陰，惟初爲陽，是謂《復》初九當升居五，六五當降居初也。《臨》九二《象傳》《集解》引荀爽曰：「陽當居五，陰當順從。」是謂《臨》九二當升居五，六五當降居二也。《謙》九三《象傳》《集解》引荀爽曰：「陽當居五。」是謂謙九三當升居五，六五當降居三也。《離》九四爻辭引荀爽曰：「陽升居五……陰退居四。」是謂《離》九四當升居五，六五當降居四也。《需》上六爻辭《集解》引荀爽曰：「乾升在上，君位以定；坎降在下，當循臣職。」此乃因乾在下體，則謂下體當升居上，上體當降居下也。荀爽之說升降大略如此。盧氏注《需》九五《象辭》，則本《尚書‧酒誥》「罔敢湎于酒」之古訓，不用升降之說。是盧氏《易注》有異於荀爽及《九家易》者。馬國翰序《周易盧氏注》云盧氏「說《易》爻用升降，與蜀才略相似，大抵宗荀氏之學者。」恐不儘然。唯盧氏《易》有用虞翻卦變之說者，另詳《噬嗑》及《渙》，《節》條下。

☰ 坎下
乾上 訟

彖曰：訟，上剛下險，險而健，訟。

《注》：險而健者，恒好爭訟也。

案：《集解》於《訟》卦引荀爽曰：「陽來居二。」；又引虞翻曰：「遯三之二也。」

蜀才曰：「此本《遯》卦，案二進居三，三降居二。」：皆以卦變爲說。盧氏則純據《彖辭》「險而健訟」（訟下卦爲坎，坎爲險；上卦爲乾，故爲健）。而釋其故，所重實與荀虞蜀才異。《伊川易傳》云：「《訟》之爲卦，上剛下險，險而又健也。又爲險健相接，內險外健，皆所以爲《訟》也。若健而不險，不生《訟》也；險而不健，不能《訟》也；險而又健，是以訟也。」其意頗同盧《注》而尤詳焉。

初六，不永所事，小有言，終吉。

象曰：不永所事，訟不可長也；雖小有言，其辯明也。

《注》：初欲應四，而二據之，暫爭，事不至永，雖有小訟，訟必辯明，故終吉。（集解引盧氏曰，馬氏黃氏輯同。）

案：王弼《周易注》云：「四召而應，見犯乃訟，處訟之始，不爲訟先。雖不能不訟而了，訟必辯明矣。」盧氏《注》義，與弼相近。

☵ 坎下
坤上　**師**

六三，師或輿屍，凶。

象曰：師或輿屍，大无功也。

《注》：失位乘剛，內外无應，以此帥師，師必大敗，故有輿尸之凶，功業大喪也。（集解引盧氏曰。馬氏黃氏輯同。）

案：《集解》引虞翻云：「坤爲尸，坎爲車多眚，《同人》、《離》爲戈兵，爲折首，失位乘剛无應，尸在車上，故輿尸凶矣。」盧氏唯采其「失位乘剛无應」之義。考六爻中，三五爲陽位，二四爲陰位，初上爲无位，六三以陰處陽，是爲失位。凡爻之在上者，於下爲乘，爻之在下者，於上爲承，六三下乘。九二，是爲乘剛。初與四同居一卦之下，二與五同居一卦之中，三與上同居一卦之上；故初與四、二與五、三與上相應；師之上六爲陰爻，是六三爲无應。王弼《周易注》云：「以陰處陽，以柔乘剛，進則无應，退无所守，以此用師，宜獲輿尸之凶。」王《注》「以陰處陽」，即盧《注》「失位」所本；王《注》「以柔乘剛」，即盧《注》「乘剛」所本；王《注》「進則无應退无所守」，即盧《注》「內外无應」所本：王云：「以此用師，宜獲輿尸之凶。」盧申之云：「以此帥師，師必大敗，故有輿尸之凶，功業大喪也。」由此觀之，盧《注》實與王《注》近。

䷉ 兌下
乾上　履

上九，視履考詳，其旋元吉。

象曰：元吉在上，大有慶也。

《注》：王者履禮於上，則萬方有慶於下。（集解引盧氏曰。馬氏黃氏輯同。）

案：《履》卦《兌》下《乾》上，《說卦》云：「《乾》爲君。」上九居《乾》之上爻，故盧氏以「王者」喻之。《說卦》又云：「《兌》，說也。」（又見於兌卦象辭）。上九下應兌說，故盧氏云：「萬方有慶於下」。盧氏此《注》，全本《說卦》而申之也。

䷍ 乾下
離上　大有

九二，大車以載，有攸往，无咎。

象曰：大車以載，積中不敗也。

《注》：《乾》爲大車，故曰大車以載。體剛履中，可以任重。有應於五，故所積皆中而不敗也。（集解引盧氏曰，馬氏未輯，黃氏輯同。）

案：「乾爲大車」，不見於《說卦》（說卦云：「坤爲大輿。」）。李道平《周易集解纂疏》云：「《漢書・王莽傳》有乾文車之文，故云乾爲大車，謂乾圓象輪也。」義或然也。陽九爲剛，二五爲中，故曰體剛履中。陽居二而陰居五，是二有應於五。盧氏乃就爻以明其義也。

䷔ 震下
離上　噬嗑

彖曰：剛柔分，動而明；雷電合而章。

《注》：此本《否》卦《乾》之九五分降《坤》初，《坤》之初六分升《乾》五，是剛柔分也。分則雷動于下，電照其上，合成天威，故曰雷電合而成章也。（集解引盧氏曰。馬氏黃氏輯同。）

案：李鼎祚《集解》引虞翻曰：「《否》五之《坤》初，《坤》初之《否》五。」盧氏釋「剛柔分」，本於虞翻。其說與《正義》「剛柔分謂《震》剛在下《離》柔在上」異。考虞翻推荀爽升降卦變之說，以爻位消息，說卦之所由來，以爲諸

卦均由十二消息卦（復、臨、泰、大壯、夬、乾、姤、遯、否、觀、剝、坤。詳已見褚仲都章佚文節臨元亨利貞至于八月有凶條）而出。其中一陽五陰之卦凡六：《復》䷗、《師》䷆、《謙》䷎、《豫》䷏、《比》䷇、《剝》䷖。據《集解》引虞翻：《復》爲「陽息《坤》」，《剝》「陰消《乾》」，爲消息卦；《豫》「《復》初之四」爲正例；《謙》「《乾》上九來之《坤》」（若云「剝上之三」則同正例矣）《比》「《師》二上之五」（若云「復初之五」則同正例矣。又師比相覆），皆變例；《師》注闕（剝上之二也）。一陰五陽之卦亦六：《姤》䷫、《同人》䷌、《履》䷉、《小畜》䷈、《大有》䷍、《夬》䷪。據《集解》引虞翻：《姤》爲「消卦」，《夬》「陽決陰息卦也」，爲消息卦；《履》「變《訟》初爲《兌》」（若云「決上之三」則同正例矣），《小畜》「《需》上變爲《巽》」（若云「姤初之四」則同正例矣），爲變例；《同人》（夬上之三也）、《大有》（姤初之五也）注闕。

二陽四陰之卦凡十五：《臨》䷒、《明夷》䷣、《震》䷲、《屯》䷂、《頤》䷚、《升》䷭、《解》䷧、《坎》䷜、《蒙》䷃、《小過》䷽、《蹇》䷦、《艮》䷳、《萃》䷬、《晉》䷢、《觀》䷓。據《集解》引虞翻：《臨》「陽息至二」，《觀》「反《臨》」，爲消息卦；《明夷》「《臨》二之三」，《震》「《臨》二之四」，升「《臨》初之三」，《解》「《臨》初之四」，皆自《臨》出，《蹇》「《觀》上反三」，《艮》「《觀》五之三」，《萃》「《觀》上之四」，《晉》「《觀》四之五」，坎「《乾》二五之《坤》，于爻《觀》上之二。皆自《觀》出，《屯》「《坎》二之初」，（若云「觀二之初」則同正例矣），《頤》「《晉》四之初」（若云「觀五之初」則同正例矣），《蒙》「艮三之二」（若云「觀五之二」則同正例矣），《小過》「《晉》上之三」（屈萬里先生先秦漢魏易例述評卷下虞氏卦變節云：「虞氏以爻位消息推卦變之例，皆以一爻易一爻，無同時易兩爻者。小過若謂來自臨，或來自觀，皆須同時易兩爻；故不取臨觀，而別取晉也」），則爲變例。二陰四陽之卦亦十五：《遯》䷠、《訟》䷅、《巽》䷸、《鼎》䷱、《大過》䷛、《无妄》䷘、《家人》䷤、《離》䷝、《革》䷰、《中孚》䷼、《睽》䷥、《兌》䷹、《大畜》䷙、《需》䷄、《大壯》䷡。據《集解》引虞翻：《遯》「陰消《姤》二」，《大壯》「陽息《泰》」，爲消息卦；《訟》「《遯》三之二」，《巽》「《遯》二之四」，《无妄》「《遯》上之初」，《家人》「《遯》初之四」，《離》「《坤》二五之《乾》，于爻《遯》初之五。」，《革》「《遯》上之初」，皆自《遯》出；《鼎》「《大壯》上之初」，《大過》「《大壯》五之初」，《睽》「《大壯》上之三」，《兌》「《大壯》五之三」，《大畜》「《大壯》初之上」，《需》「《大壯》四之五」，皆自《大壯》出；《中孚》「《訟》四之初」（其例視二陽四陰之小過，見小過下注）則變例也。

三陰三陽之卦凡二十：《泰》䷊、《歸妹》䷵、《節》䷻、《損》䷨、《豐》䷶、
《既濟》䷾、《賁》䷕、《隨》䷐、《噬嗑》䷔、《益》䷩、《恆》䷟、《井》
䷯、《蠱》䷑、《困》䷮、《未濟》䷿、《渙》䷺、《咸》䷞、《旅》䷷、《漸》
䷴、《否》䷋。據《集解》引虞翻：《泰》「陽息《坤》反《否》也」，《否》「陰
消乾又反《泰》也」，為消息卦；《歸妹》「《泰》三之四」，《節》「《泰》三之五」，
《損》「《泰》初之上」，《既濟》「泰五之二」，《賁》「《泰》上之《乾》二，《乾》
二之《坤》上（即泰二之上之意）。」，《恆》「《乾》初之《坤》四（即泰初之
四之意）」，《井》「《泰》初之五」，《蠱》「《泰》初之上」，皆自《泰》出；《隨》
「《否》上之初」，《噬嗑》「《否》五之《坤》初，《坤》初之五（即否五之初之
意）。」《益》「《否》上之初」，《困》「《否》二之上」，《未濟》「《否》二之五」，
《渙》「《否》二之四」，《咸》「《坤》三之上成女，《乾》上之三成男（即否上
之三之意）。」，《漸》「《否》三之四」，皆自《否》來，唯《豐》「當從《泰》
二之四，而《豐》三從《噬嗑》上來之三，折四於《坎》獄中而成《豐》。」，
《旅》「《賁》初之四，《否》三之五，非《乾》《坤》往來也，與《噬嗑》之《豐》
同義。」為變例耳。綜觀虞翻所注，間亦有不能自圓者：其一：諸卦所自來，
不盡本諸十二消息卦，如《謙》、《比》、《履》、《小畜》、《屯》、《頤》、《蒙》、《小
過》、《中孚》、《豐》、《旅》等卦即為變例。其二：虞氏所謂「之」者，不盡為
兩爻相易之意，如《大畜》、《无妄》、《損》、《益》等卦即是例外。此固虞氏說
卦變之未密處，然不得執此盡掃卦變之說。何以言之。《繫辭》云：「《易》之
為書也不可遠，為道也屢遷，變動不居，周流六虛，上下无常，剛柔相易，不
可為典要，唯變所適。」故《易》有「變易」之一義，卦變亦「變易」之一也。
賢如朱熹，亦不敢盡去之。《周易本義》附卦變圖，云：「凡一陰一陽之卦各六，
皆自《復》、《姤》來；凡二陰二陽之卦各十有五，皆自《臨》、《遯》而來；凡
三陰三陽之卦各二十，皆自《泰》、《否》而來；凡四陰四陽之卦各十有五，皆
自《大壯》、《觀》而來；凡五陰五陽之卦各六，皆自《夬》、《剝》而來。」其
說即本虞翻而略有修正。考此條《噬嗑・彖辭》「剛柔分，動而明；雷電合而
章。」下文繼之以「柔得中而上行。」柔者，《坤》也，得中，居五之位也；
上行，謂《坤》之初六上升居五之位也。故《噬嗑》卦之由否卦初，五兩爻互
易而成也，《彖辭》所言，已章章明甚；故盧氏亦以「此本《否》卦《乾》之
九五分降《坤》初，《坤》之初六分升《乾》五」釋「剛柔分」。又盧注《渙》、
《節》兩卦，亦用卦變說之，請參閱。

䷕ 離下
艮上　**賁**

九三，賁如濡如；永貞吉。象曰：永貞之吉，終莫之陵也。

《注》：有離之文以自飾，故曰賁如也；有坎之水以自潤，故曰濡如也。體剛履正，故永貞吉，與二同德，故終莫之陵也。（集解引盧氏曰。馬氏黃氏輯同。）

案：賁內體離，故云「有離之文以自飾」；互體坎（二三四爻），故云「有坎之水以自潤」。陽體而居陽位，故云「體剛履正」。與二皆得位（三爲陽爻，而九居之；二爲陰爻，而六居之，故皆得位也），故云「同德」。考「互體」之說，已詳干寶章。盧氏之言互體，或互二至四爻爲一體（如賁卦），或互三至五爻爲一體（詳渙卦），非如虞翻輾轉牽引，極盡穿鑿者也。

䷖ 坤下
艮上　**剝**

象曰：剝，剝也，柔變剛也。

《注》：此本《乾》卦，群陰剝陽，故名爲剝也。（集解引盧氏曰。馬氏黃氏輯同。）

案：此以消息爲釋也。陽息《坤》謂之息，其序由《復》而《臨》，而《泰》、而《大壯》、而《夬》，以至於《乾》；陰消《乾》謂之消，其序由《姤》而《遯》，而《否》，而《觀》，而《剝》，以至於《坤》。消息之義，《彖傳》已發其端。《剝·彖》曰：「柔變剛」，即陰消《乾》之義；《夬·彖》曰：「剛決柔」，即陽息《坤》之義。消息之名，則始見於《漢書·京房傳》所載《房上封事》：「少陰倍力而乘消息。」漢魏儒者，如馬融、鄭玄、荀爽、虞翻等，皆採用之。以《剝》爲例：《釋文》引馬融曰：「剝，落也。」《集解》引鄭玄曰：「陰氣侵陽，上至於之，萬物零落，故謂之剝也。」又引荀爽曰：「陰外變五，五者至尊，爲陰所變，故曰剝。」又引虞翻曰：「陰消《乾》也。」皆以消息爲說，盧氏注《易》，即用其義也。宋儒號稱專以義理釋《易》者，若程頤，其《易傳》釋《剝》亦不能不取消息之說，曰：「群陰消剝於陽，故爲剝也。」其文字幾全同盧《注》，尤堪玩味。

象曰：山附於地，剝；上以厚下安宅。

《注》：上，君也；宅，居也。山高絕于地，今附地者，明被剝也。屬地時也，君當厚錫于下，賢當卑降于愚，然後得安其居。（集解引盧氏曰。馬氏黃氏輯同。）

案：《集解》又引陸績曰：「《艮》爲山，《坤》爲地。附於地，謂高附於卑，貴附於賤，君不能制臣也。」盧《注》殆與之同。《伊川易傳》云：「山高起於地，而反附著於地，圮剝之象也。上謂人君與居人上者，觀剝之象，而厚固其下，以安其居也。」又本盧《注》。

初六，剝床以足，蔑貞，凶。象曰：剝床以足，以滅下也。

《注》：蔑，滅也。《坤》所以載物，床所以安人，在下故稱足，先從下剝，漸及於上，則君政崩滅，故曰以滅下也。（集解引盧氏曰。馬氏黃氏輯同。孫氏集解誤爲虞翻曰。）

案：此純就《剝》初六《象辭》而注之。《集解》又引虞翻云：「此卦《坤》變《乾》也，動初成《巽》，《巽》木爲床，復《震》在下爲足，故《剝》床以足。蔑，无；貞，正也。失位无應，故蔑貞凶，震在陰下，《象》曰以滅下也。」以象數爲說，盧不採。又「蔑」字之義，《釋文》：「猶削也，楚俗有削蔑之言。馬云无也。鄭云輕慢。荀作滅。」盧氏作滅，本於荀氏。

䷙ 乾下
艮上 **大畜**

九二，輿說輹。象曰：輿說輹，中无尤也。

《注》：乾爲輿。（案：輹，車之鉤心，夾軸之物。處失其正，上應于五，五居畜盛，止不我升，故且脫輹。停留待時，而進退得正，故無尤也。〔集解引盧氏曰。馬氏黃氏輯同。〕）

案：《乾》爲大車，說見《大有》條。《注》文自「案」字下，疑爲李鼎祚案語，唯各本「案」上皆未加「○」，亦未闕一空白以別，故姑錄之。

周易下經

䷥ 兌下
離上 **睽**

彖曰：天地睽而其事同也；男女睽而其志通也；萬物睽而其事類也；

《睽》之時用大矣哉。

《注》：不言義而言用者，明用《睽》之義至大矣。（集解引盧氏曰。馬氏黃氏輯同。）

案：《彖辭》或曰「時義」，如「《豫》之時義大矣哉」「《隨》之時義大矣哉（王肅本如此，見經典《釋文》）」「《遯》之時義大矣哉」「《姤》之時義大矣哉」「《旅》之時義大矣哉」；或曰「時用」，如「《險》之時用大矣哉（坎彖辭）」「《睽》之時用大矣哉」「《蹇》之時用大矣哉」。盧氏推「時義」「時用」之意，以爲言「用」者，亦「用某之義」，非與「時義」根本有異也。《遯·彖辭》曰：「與時行也。」又曰：「《遯》之時義大矣哉。」則「時義」亦有「與時行」之意。《周易》又有獨言「時」者，如「頤之時大矣哉」「《大過》之時大矣哉」「《解》之時大矣哉」「《革》之時大矣哉」，意亦與「時義」「時用」相近。《伊川易傳》：「諸卦之時與義用大者，皆贊其大矣哉，《豫》以下十一卦是也。《豫》《遯》《姤》《旅》言時義，《坎》《睽》《蹇》言時用；《頤》《大過》《解》《革》言時：各以其大者也。」採比較之法而說其義，用心與盧氏同。

䷺ 坎下
巽上　渙

彖曰：渙亨，剛來而不窮，柔得位乎外而上同。

《注》：此本《否》卦《乾》之九四來居《坤》中，剛來成《坎》，水流而不窮也。《坤》之六二上升《乾》四，柔得位乎外，上承貴王，與上同也。（集解引盧氏曰。馬氏黃氏輯同。）

案：虞翻以爻位消息，推卦之所由來，以爲三陰三陽之卦，皆自《泰》、《否》兩卦來。詳已見本節《噬嗑》下案語。《渙》亦三陰三陽之卦，《集解》引虞翻曰：「《否》四之二成《坎》《巽》。」盧《注》即用此說。考卦變之說，類多附會穿鑿，然其中亦有必不可盡廢者，《彖辭》此條即其一。是以《四庫提要》稱王弼「全廢象數」，而注《渙·彖辭》，猶曰：「二以剛來而不窮於險（坎象曰：「習坎，重險也。」又云：「險之時用大矣哉」）；四以柔得位乎外而與上同。」王《注》言「二以剛來而不窮於險」，即盧《注》「九四來居《坤》中剛來成《坎》」之意；王《注》言「四以柔得位乎外」，即盧《注》「六二上升《乾》四柔得位乎外」之意。是王《注》亦不能不以卦變爲說。盧《注易》重義理，而偶有用象數釋之；亦王弼掃象而不盡之例，不得據此而歸盧氏於虞翻象數一派也。

六四，《渙》其群，元吉，《渙》有丘，匪夷所思。

《注》：自二居四，離其群侶，《渙》其群也；得位承尊，故元吉也；互體有《艮》，《艮》為山丘；《渙》群雖則光大，有丘則非平易，故有匪夷之思。（集解引盧氏曰。馬氏黃氏輯同。）

案：盧氏釋「《渙》其群元吉」，仍用《乾》四之二卦變之說，已詳上條。釋「《渙》有丘匪夷所思」，則用互體之說，亦已詳《賁》九三條，俞樾《周易互體徵》說「《渙》六四《渙》有丘」云：「自三至五互《艮》，艮為山，故有丘象。《賁》、《頤》並言丘，其上體皆《艮》也。《渙》無艮而亦言丘，非取之互體而何？此可為不言互體者告矣？」說義與盧氏同。考《集解》引虞翻曰：「位半《艮》山，故稱丘。匪，非也；夷，謂震。四應在初，三變坎為思，故匪夷所思也。」虞氏「位半《艮》山故稱丘」說，盧氏用之；「夷謂《震》」以下，穿鑿過甚，盧氏不采。虞盧異同，大抵類此。

☵ 兌下
坎上 **節**

彖曰：《節》亨，剛柔分而剛得中。

《注》：此本《泰》卦，分《乾》九三，上升《坤》五；分《坤》六五，下處《乾》三。是剛柔分而剛得中也。（集解引盧氏曰。馬氏黃氏輯同。）

案：《彖辭》言「剛柔分」者凡二：《噬嗑·彖》曰：「剛柔分動而明；雷電合而章；柔得中而上行」，一也，此云：「《節》亨，剛柔分而剛得中。」二也。盧氏之釋《噬嗑·彖辭》「剛柔分」，曰「此本《否》卦，《乾》之九五，分降《坤》初，《坤》之初六，分升《乾》五。」是以卦變說之。此注以「此本《泰》卦，分《乾》九三，上升《坤》五；分《坤》六五，下處《乾》三。」亦取卦變之說。《噬嗑》由《否》初六之五，故《彖辭》言「柔得中而上行」；《節》由《泰》九三之五，故《彖辭》言「剛得中」。盧注實得《彖辭》之旨。詳參閱本節《噬嗑》及《渙》條下案語。

☵ 離下
坎上 **既濟**

六四，繻有衣袽，終日戒，象曰：終日戒，有所疑也。

《注》：繻者，布帛端末之識也；袽者，殘弊帛，可拂拭器物也。繻有

為衣襦之道也。四處明闇之際，貴賤无恒，猶或為衣，或為袽也。履多懼之地，上承帝主，故終日戒慎，有所疑懼也。（集解引盧氏曰。馬氏黃氏輯同。孫氏集解誤爲虞翻。）

案：《集解》又引虞翻曰：「《乾》爲衣，故稱襦；袽，敗衣也。《乾》二之五（謂既濟本泰卦乾二之五也），衣象裂壞，故襦有衣袽。《離》爲日，《坎》爲盜，在兩坎間（既濟上體爲坎，二至四互體又爲坎，故云），故終日戒。」全據卦變互體以《釋文》。盧氏一概不探，而純依字義而言其理。

九五，東鄰殺牛，不如西鄰之禴祭，實受其福。象曰：東鄰殺牛，不如西鄰之時也。實受其福，吉大來也。

《注》：明鬼享德，不享味也，故德厚者，吉大來也。（集解引盧氏曰。馬氏黃氏輯同。）

案：僞古文《尚書君陳》：「至治馨香，感于神明。黍稷非馨，明德惟馨。」盧《注》謂「明鬼享德」，即本僞古文《尚書君陳》之義。

序卦傳

屯者，物之始生焉。

《注》：物之始生，故屯難。（正義引盧氏曰。馬氏黃氏輯同。）

案：《屯·象》曰：「屯，剛柔始交而難生。」故盧《注》云然。盧氏作注，每能貫通全經。參閱王肅章。

重要參考書目

經部・易類

《子夏易傳》，韓嬰撰，孫堂、馬國翰、黃奭輯

《周易孟氏章句》，孟喜撰，孫堂、馬國翰、黃奭輯

《周易京氏章句》，京房撰，孫堂、馬國翰、黃奭輯

《費氏易》，費直撰，馬國翰輯

《周易馬氏傳》，馬融撰，孫堂、馬國翰、黃奭輯

《周易荀氏注》，荀爽撰，孫堂、馬國翰輯

《周易鄭氏注彙輯》，鄭玄撰，胡自逢彙輯

《周易注》，王弼、韓康伯撰

《通易論》，阮籍撰

《周易陸氏述》，陸績撰，孫堂、馬國翰、黃奭輯

《周易虞氏注》，虞翻撰，孫堂、黃奭輯

《周易姚氏注》，姚信撰，孫堂、馬國翰、黃奭輯

《周易蜀才注》，蜀才撰，孫堂、馬國翰、黃奭輯

《周易王氏注》，王肅撰，孫堂、馬國翰、黃奭輯

《周易何氏解》，何晏撰，馬國翰輯

《周易董氏章句》，董遇撰，孫堂、馬國翰、黃奭輯

《周易向氏義》，向秀撰，孫堂、馬國翰、黃奭輯

《周易統略》，鄒湛撰，馬國翰輯

《周易卦序論》，楊乂撰，馬國翰輯

《周易張氏義》，張軌撰，馬國翰輯

《周易張氏集解》，張璠撰，馬國翰孫堂黃奭輯

《周易干氏注》，干寶撰，馬國翰、孫堂、黃奭輯

《周易干氏注》，王廙撰，馬國翰、孫堂、黃奭輯

《周易黃氏注》，黃穎撰，馬國翰輯

《易象妙于見形論》，孫盛撰，馬國翰輯

《周易繫辭桓氏注》，桓玄撰，馬國翰輯

《周易繫辭荀氏注》，荀諺撰，馬國翰輯

《周易繫辭顧氏注》，顧歡撰，馬國翰輯

《周易繫辭明氏注》，明僧紹撰，馬國翰輯

《易經要略》，沈麟士撰，馬國翰輯

《周易乾坤義》，劉瓛撰，馬國翰、黃奭輯

《周易繫辭義》，劉瓛撰，馬國翰、黃奭輯

《周易大義》，蕭衍撰，馬國翰、黃奭輯

《周易伏氏集解》，伏曼容撰，馬國翰、黃

奭輯

《周易褚氏講疏》，褚仲都撰，馬國翰、黃奭輯

《周易周氏講疏》，周弘正撰，馬國翰、黃奭輯

《周易張氏講疏》，張譏撰，馬國翰、黃奭輯

《周易劉氏注》，劉昞撰，馬國翰、黃奭輯

《周易崔氏注》，崔覲撰，馬國翰、黃奭輯

《周易傅氏注》，傅氏撰，馬國翰、黃奭輯

《周易盧氏注》，盧景裕撰，馬國翰、黃奭輯

《周易正義》，孔穎達撰

《周易集解》，李鼎祚撰

《周易口訣義》，史徵撰

《周易舉正》，郭京撰

《溫公易說》，司馬光撰

《橫渠易說》，張載撰

《東坡易說》，蘇軾撰

《伊川易傳》，程頤撰

《漢上易傳》，朱震撰

《漢上易叢說》，朱震撰

《周易窺餘》，鄭剛中撰

《周易本義》，朱熹撰

《周易義海撮要》，李衡刪定

《周易玩辭》，項安世撰

《誠齋易傳》，楊萬里撰

《大易粹言》，方聞一編

《古周易》，呂祖謙撰

《古易音訓》，呂祖謙撰，宋咸熙輯

《丙子學易編》，李心傳撰

《周易輯聞》，趙汝楳撰

《易雅》，趙汝楳撰

《筮宗》，趙汝楳撰

《周易傳義附錄》，董楷撰

《周易集說》，俞琰撰

《周易本義附錄纂注》，胡一桂撰

《周易會通》，董真卿撰

《周易象旨決錄》，熊過撰

《周易集註》，來知德撰

《易義古象通》，魏濬撰

《古周易訂詁》，何楷撰

《周易稗疏》，王夫之撰

《易說》，惠士奇撰

《周易述》，惠棟撰

《易例》，惠棟撰

《易漢學》，惠棟撰

《周易校勘記》，阮元撰

《易章句》，焦循撰

《易通釋》，焦循撰

《周易述補》，江藩撰

《周易虞氏義》，張惠言撰

《周易鄭氏義》，張惠言撰

《周氏荀氏九家義》，張惠言撰

《易義別錄》，張惠言撰

《卦本圖考》，胡秉虔撰

《周易考異》，宋翔鳳撰

《周氏姚氏學》，姚配中撰

《易經異文釋》，李富孫撰

《李氏易解賸義》，李富孫撰

《孫氏周易集解》，孫星衍撰

《周易集解纂疏》，李道平撰

《周易互體徵》，俞樾撰

《周易古義》，楊樹達撰

《易學討論集》，李證剛等編著

《周易思想體系》，盧伯炎撰

《易象探源》，高仲華撰

《周易大綱》，吳康撰

《談易》，戴君仁撰

《先秦漢魏易例述評》，屈萬里撰

《周易古經通說》，高亨撰

《周易古經今注》，高亨撰

《周易正義引書考》，王忠林撰

《周易鄭氏學》，胡自逢撰

《周易卦爻辭中的故事》，顧頡剛撰

《易傳探源》，李鏡池撰

《易卦爻辭的時代及其作者》，余永梁撰

《京氏易傳證偽》，沈延國撰

《易緯乾坤鑿度》，蒼頡注

《易緯乾鑿度》，鄭玄注

《易緯稽覽圖》，鄭玄注

《易緯辨終備》，鄭玄注

《易緯通卦驗》，鄭玄注

《易緯乾元序制記》，鄭玄注

《易緯是類謀》，鄭玄注

《易緯坤靈圖》，鄭玄注

《元命包》，衛元嵩述

經部・書類

《尚書正義》，孔安國傳，孔穎達疏

《古文尚書考》，惠棟撰

《古文尚書疏證》，閻若璩撰

《尚書大傳》，陳壽祺撰

《尚書餘論》，丁晏撰

《尚書述略》，林景伊撰

《尚書釋義》，屈萬里撰

經部・詩類

《毛詩正義》，毛亨傳，鄭玄箋，孔穎達疏

《齊詩遺說考》，陳喬樅撰

經部・禮類

《周禮註疏》，鄭玄注，賈公彥疏

《儀禮註疏》，鄭玄注，賈公彥疏

《禮記正義》，鄭玄注，孔穎達疏

經部・春秋類

《春秋左傳正義》，左丘明傳，杜預注，孔穎達疏

《春秋公羊傳注疏》，公羊高傳，何休注，徐彥疏

《春秋穀梁傳注疏》，穀梁赤傳，范甯注，楊士勛疏

《春秋繁露》，董仲舒撰

《春秋地名圖考》，程旨雲撰

經部・孝經類

《古文孝經孔氏傳》，孔安國撰

《孝經徵文》，丁晏撰

經部・四書類

《論語注》，孔安國撰，馬國翰輯

《論語正義》，何晏等注，邢昺疏

《論語孔注辨偽》，沈濤撰

《論語孔注辨證》，丁晏撰

《四書釋地》，閻若璩撰

《孟子正義》，趙岐注，孫奭疏

經部・群經總義類

《經典釋文》，陸德明撰

《九經古義》，惠棟撰

《五經異義疏證》，陳壽祺撰

《左海經辨》，陳壽祺撰

《古經解鉤沈》，余蕭客撰

《經學源流考》，甘鵬雲撰

《經學通論》，皮錫瑞撰

《經學歷史》，皮錫瑞撰

《經學通志》，錢基博撰

《中國經學史》，馬宗霍撰

《經義述聞》，王引之撰

《群經平議》，俞樾撰

《魏石經考》，王國維撰

《新學偽經考》，康有為撰

《讀經示要》，熊十力撰

《餘杭章氏之經學》，袁乃瑛撰

《經典釋文序錄疏證》，吳承仕撰

經部・小學類

《爾雅注疏》，郭璞注，邢昺疏

《爾雅正義》，邵晉涵撰

《爾雅義疏》，郝懿行撰

《方言》，揚雄撰

《方言疏證》，戴震撰

《說文解字》，許慎撰

《說文解字繫傳》，徐鍇撰

《說文校議》，嚴可均撰

《說文解字校錄》，鈕樹玉撰

《說文校議議》，嚴章福

《說文解字注》，段玉裁撰

《說文解字注箋》，徐灝撰

《說文解字注匡謬》，徐承慶撰

《說文義證》，桂馥撰

《說文句讀》，王筠撰

《說文通訓定聲》，朱駿聲撰

《說文解字群經正字》，邵瑛撰

《說文解字引經考》，馬宗霍撰

《研究說文條例》，林景伊撰

《金文編》，容庚編

《文始》，章太炎撰

《鐵雲藏龜》，劉鶚編

《柏根氏舊藏甲骨文字考釋》，明義士撰

《甲骨文字集釋》，李孝定撰

《廣雅》，張揖撰

《廣雅疏證》，王念孫撰

《玉篇》，顧野王撰

《切韻殘卷》，陸法言撰

《廣韻》，陳彭年撰

《類篇》，司馬光撰

《集韻》，丁度撰

《六書音均表》，段玉裁撰

《廣韻校勘記》，周祖謨撰

《高本漢的諧聲說》，趙元任撰

《漢語史稿》，王了一撰

《古代漢語》，王了一撰

《中國聲韻學通論》，林景伊撰

《漢語音韻學》，董同龢撰

《古音無邪紐證》，錢玄同撰

《古音無邪紐補證》，戴君仁撰

《古音學發微》，陳新雄撰

《中國文法講話》，許世英撰

《釋否定詞弗不》，丁聲樹撰

史部・正史類

《史記》，司馬遷撰

《史記集解》，裴駰撰

《史記索隱》，司馬貞撰

《史記正義》，張守節撰

《史記志疑》，梁玉繩撰

《史記探源》，崔適撰

《史記會注考證》，瀧川資言撰

《史記新校注》，張森楷撰

《漢書》，班固撰

《漢書注》，顏師古撰

《漢書補注》，王先謙撰

《後漢書》，范曄撰

《後漢書注》，唐章懷太子撰

《後漢書集解》，王先謙撰

《三國志》，陳壽撰

《三國志注》，裴松之撰

《三國志集解》，盧弼撰

《晉書》，房喬撰

《晉書斠注》，吳士鑒‧劉承幹同撰

《宋書》，沈約撰

《南齊書》，蕭子顯撰

《梁書》，姚思廉撰

《陳書》，姚思廉撰

《魏書》，魏收撰

《北齊書》，李百藥撰

《周書》，令狐德棻撰

《隋書》，魏徵撰

《南史》，李延壽撰

《北史》，李延壽撰

《舊唐書》，劉昫等撰

《新唐書》，歐陽修、宋祁等撰

《宋史》，托克托等撰

史部‧編年類

《漢紀》，荀悅撰

《後漢紀》，袁宏撰

《資治通鑑》，司馬光撰

史部‧別史類

《建康實錄》，許嵩撰

《通志》，鄭樵撰

《東都事略》，王偁撰

《路史》，羅泌撰，羅苹注

史部‧雜史類

《國語》，韋昭注

史部‧傳記類

《儒林宗派》，萬斯同撰

《鄭玄學案》，高仲華撰

史部‧載記類

《十六國春秋纂錄校本》，崔鴻撰，湯球輯

《十六國春秋輯補》，湯球輯

史部‧地理類

《水經注》，酈道元撰

《洛陽伽藍記》，楊衒之撰

《鬼方昆夷玁狁考》，王國維撰

史部‧政書類

《通典》，杜佑撰

《唐會要》，王溥撰

《文獻通考》，馬端臨撰

史部‧目錄類

《崇文總目》，王堯臣等撰

《郡齋讀書志》，晁公武撰

《漢書藝文志拾補》，姚振宗撰

《漢書藝文志條理》，姚振宗撰

《補後漢書藝文志》，顧懷三撰

《後漢藝文志》，姚振宗撰
《補三國藝文志》，侯康撰
《三國藝文志》，姚振宗撰
《三國遺籍輯存》，楊家駱撰
《補晉書藝文志》，丁國鈞撰
《補晉書藝文志》，文廷式撰
《補晉書藝文志》，秦榮光撰
《補晉書經籍志》，吳士鑒撰
《補晉書藝文志》，黃逢元撰
《兩晉遺籍輯存》，楊師家駱撰
《補宋書藝文志》，聶崇岐撰
《補南齊書藝文志》，陳述撰
《補梁書藝文志》，李雲光撰
《補陳書藝文志》，楊壽彭撰
《補魏書藝文志》，賴炎元撰
《補北齊書藝文志》，蒙傳銘撰
《補周書藝文志》，王忠林撰
《補南北史藝文志》，徐崇撰
《南北朝遺籍輯存》，楊家駱撰
《隋書經籍志考證》，姚振宗撰
《揅經室經進書錄》，阮元撰
《經義考》，朱彝尊撰
《經義考補正》，翁方綱撰
《經義考目錄·校記》，羅振玉撰
《四庫全書總目提要》，紀昀撰
《古今偽書考》，姚際恒撰
《古書真偽及其年代》，梁啓超撰
《重考古今偽書考》，顧實撰
《偽書通考》，張心澂撰

史部·史評類
《史通》，劉知幾撰

《二十二史考異》，錢大昕撰
《洙泗考信錄》，崔述撰
《古史辨》，顧頡剛編

子部·儒家類
《孔子家語》，王肅注
《荀子集解》，王先謙撰
《孔叢子》，孔鮒撰
《新書》，賈誼撰
《鹽鐵論》，桓寬撰
《新序》，劉向撰
《說苑》，劉向撰
《潛夫論》，王符撰
《申鑒》，荀悅撰
《中論》，徐幹撰
《正蒙》，張載撰
《二程遺書》，朱熹編
《朱子全書》，朱熹撰

子部·法家類
《管子校正》，戴望撰

子部·術數類
《易林》，焦延壽撰
《京氏易傳》，京房撰，陸績注
《太玄經》，揚雄撰
《唐開元占經》，瞿曇悉達撰
《火珠林》，麻衣道者撰

子部·雜家類
《尹文子》，尹文撰
《呂氏春秋》，呂不韋撰
《淮南鴻烈集解》，劉文典撰
《淮南子校釋》，于大成撰

《白虎通義》，班固撰
《論衡校釋》，黃暉撰
《人物志》，劉劭撰
《金樓子》，蕭繹撰
《劉子集證》，王叔珉撰
《顏氏家訓》，顏之推撰
《意林》，馬總撰
《容齋隨筆續筆三四五筆》，洪邁撰
《困學紀聞》，王應麟撰，翁元圻注
《說郛》，陶宗儀編
《日知錄》，顧炎武撰
《癸巳類稿》，俞正燮撰
《東塾讀書記》，陳澧撰
《詁經精舍文集》，阮元選訂
《詁經精舍文續集》，羅文俊撰
《詁經精舍三集》，顏宗儀輯
《詁經精舍四集》，俞樾輯
《詁經精舍五集》，俞樾輯
《詁經精舍六集》，俞樾輯
《古書疑義舉例》，俞樾撰
《先秦諸子繫年考辨》，錢穆撰
《國學略說》，章太炎撰
《國學概論》，程旨雲撰
《中國學術思想大綱》，林景伊撰
《古籍導讀》，屈萬里撰
《書傭論學集》，屈萬里撰

子部・類書類

《藝文類聚》，歐陽詢等撰
《北堂書鈔》，虞世南撰
《初學記》，徐堅等撰
《白孔六帖》，白居易、孔傳撰

《太平御覽》，李昉等撰
《冊府元龜》，王欽若等撰
《玉海》，王應麟撰

子部・小說家類

《世說新語》，劉義慶撰，劉孝標注
《世說新語校箋》，楊勇撰
《太平廣記》，李昉等撰

子部・釋家類

《弘明集》，釋僧佑撰
《廣弘明集》，釋道宣撰
《法苑珠林》，釋道世撰
《一切經音義》，釋慧琳撰
《佛祖通載》，釋念常撰

子部・道家類

《老子校釋》，朱晴園撰
《莊子集釋》，郭慶藩撰
《莊子向郭注異同考》，王叔岷撰
《列子集釋》，楊伯峻撰
《抱朴子》，葛洪撰

集部・楚詞類

《離騷》，屈原撰
《離騷淺釋》，繆天華撰

集部・別集類

《蔡中郎集》，蔡邕撰
《嵇中散集》，嵇康撰
《昭明太子集》，蕭統撰
《歐陽文忠公集》，歐陽修撰
《滹南遺老集》，王若虛撰
《遂初堂文集》，潘耒撰
《松崖文鈔》，惠棟撰

《果堂集》，沈彤撰

《潛研堂文集》，錢大昕撰

《揅經室集》，阮元撰

《經韻樓集》，段玉裁撰

《素養堂文集》，張澍撰

《太炎文錄初編》，章太炎先生撰

集部・總集類

《昭明文選》，蕭統編

《文選注》，李善注

《文選六臣注》，呂延濟等注

《古文苑》，不著編輯人名氏

《文苑英華》，李昉等編

附錄：魏晉南北朝易學書目

一、三國易學書目

1. 魏

　　王朗《易傳》

　　董遇《周易章句》十卷

　　王弼《周易注》六卷

　　王肅《周易注》十卷

　　王肅《周易音》

　　鍾繇《周易訓》

　　何晏《周易說》

　　管輅《易傳》一卷

　　劉邠《易注》

　　荀輝《周易注》十卷

　　鍾毓《難管輅易義二十餘事》

　　荀融《論易義》

　　孫炎《周易例》

　　王弼《易略例》一卷

　　王弼《周易大衍論》三卷

　　王弼《周易窮微論》一卷

　　王弼《易辯》一卷

　　阮籍《通易論》一卷

　　嵇康《周易言不盡意論》一篇

　　鍾會《周易盡神論》一卷

　　鍾會《易無互體論》三卷

上凡十六家二十一部

2. 蜀

　　李譔《古文易注解》

　　蜀才《周易注》十卷

上凡二家二部

3. 吳

　　虞翻《周易注》十卷

　　虞翻《周易日月變例》六卷

　　姚信《周易注》十二卷

上凡二家二部

二、晉代易學書目

　　薛貞《歸藏注》十三卷

　　王廙《周易注》十卷

　　干寶《周易注》十卷

　　干寶《周易宗塗》四卷

　　干寶《周易爻義》一卷

　　干寶《易音》

　　黃穎《周易注》十卷

　　郭琦《京氏易注》三卷

　　張璠《周易注》十卷

　　張璠《周易略論》一卷

　　張璠《周易集解》十二卷

　　劉兆《周易訓注》

　　桓玄《周易繫辭注》二卷

　　謝萬等《周易繫辭注》二卷

　　韓康伯《周易繫辭注》二卷

　　袁悅之《周易繫辭注》

　　袁悅之《周易音》

　　徐邈《周易音》一卷

李軌《周易音》一卷

欒肇《周易象論》三卷

裴秀《易論》

荀顗《難易無互體論》

楊乂《周易卦序論》一卷

應貞明《易論》一卷

阮渾阮咸《周易難答論》二卷

顧悅之《難王弼易義》四十餘條

何襄城《六象論》

蕭乂《四象論》

孫盛《易象妙于見形論》一篇

宣舒通《知來藏往論》

殷融《象不盡意論》一篇

殷融《大賢須易論》

宋岱《周易論》一卷

鄒湛《周易統略》五卷

袁宏《周易略譜》一卷

皇甫謐《周易解》

袁準《易傳》

李充《周易旨》六篇

李顒《周易卦象數旨》六卷

王濟《易義》

荀輝《周易注》十卷

庾運《易義》

衛瓘《易義》

王宏《易義》

向秀《周易義》

張輝《易義》

杜育《易義》

楊瓚《易義》

張軌《易義》

邢融《易義》

裴藻《易義》

許適《易義》

楊藻《易義》

范宣《周易論》四卷

范宣《擬周易說》八卷

范宣《周易音》一卷

顧夷等《周易難王輔嗣義》一卷

沈熊《周易譜》一卷

沈熊《周易雜音》三卷

郭璞《周易髓》十卷

上凡五十家六十部

三、南朝易學書目

1. 宋

明帝集群臣《講周易義疏》十九卷

明帝集群臣《講易義疏》二十卷

明帝集群臣講國子講《易議》六卷

卞伯玉《周易繫辭注》二卷

荀柔之《周易繫辭注》二卷

徐爰《周易繫辭注》二卷

范歆《周易義》一卷

何諲之《周易疑通》五卷

關康之《難顧悅之易義》

雷次宗《周易注》

上凡八家十部

2. 南齊

周顒《周易論》三十卷

徐伯珍《周易問答》一卷

費元珪《周易注》

劉瓛《周易乾坤義》一卷

劉瓛《周易繫辭義疏》二卷

劉瓛《周易四德例》一卷

永明《國學周易講疏》二十六卷

祖沖之《易義》

沈麟士《易經要略》

沈麟士《周易兩繫》

李玉之《乾坤義》一卷

顧歡《王弼兩繫注》

明僧紹《周易繫辭注》一卷

謝氏《周易注》八卷

尹濤《周易注》六卷

上凡十二家十五部

3. 梁

武帝《周易大義》二十一卷

武帝《周易大義疑問》二十卷

武帝《周易講疏》三十五卷

武帝《六十四卦二繫文言序卦等義》

武帝《周易繫辭義疏》一卷

元帝《周易講疏》十卷

褚仲都《周易講疏》十六卷

朱異《易講疏》

朱異《集注周易》一百卷

孔子祛《續朱異集注周易》一百卷

賀瑒《易講疏》

蕭子政《周易義疏》十四卷

蕭子政《周易繫辭義疏》三卷

宋褰《周易繫辭》二卷

何胤《周易注》十卷

范述曾《易文言注》

伏曼容《周易集解》八卷

伏曼容《周易集林》十二卷

蕭偉《周易幾義》一卷

蕭偉《周易發義》一卷

釋法通《乾坤義》一卷

上凡十三家二十一部

4. 陳

周弘正《周易講疏》十六卷

周弘正《周易疑義》五十條

張譏《周易講疏》三十卷

沈林《周易義》三卷

上凡三家四部

四、北朝易學書目

1. 北魏

崔浩《周易解》十卷

姚規《周易注》七卷

崔覲《周易注》十三卷

傅氏《周易注》十三卷

盧景裕《周易注》十卷

游肇《易集解》

劉昞《周易注》

闞駰王朗《易傳注》

上凡八家八部

2. 北齊

權會《周易注》

李鉉《周易義例》

杜弼《易上下繫辭注》

上凡三家三部

3. 北周

蕭巋《周易義記》

無名先生《周易私記》

上凡二家二部

以上三國兩晉南北朝易注，凡一百十九家一百四十九部